心靈三部曲
三部曲

從窮人進化到富人的29條處事智慧

The wealth of the mind is the only true wealth

作者序

黃金有價，經驗無價

「書呆子」一詞早已有之，是對那些滿腹經綸卻不諳人情世故者的戲稱。現在真正的「書呆子」不多，但不善於溝通的人卻不在少數。

據美國相關研究者調查，在事業有成的人士中，85%靠人際溝通能力，只有15%純粹是靠擁有某種專業技能而竄升。在人際關係較複雜的社會，僅憑專業技能取勝的更不超過10%。

許多剛從學校進入社會的青年，雖然有才幹，也有進取心，但工作並不順利，難得信任和重用，其原因通常是人際關係狹隘。拉關係並非一門很高深的學問，但還是有人一輩子也學不會，這多半是不善經營人際關係之故。

本書對多位成功人士進行調查，總結出許多有用且常用的人生經驗，供有志於開創一番事業的青年們參考。這些都是「過來人」在生活中打滾，付出各種代價得來的寶貴經驗，相信能夠啟迪對人生感到不安的讀者們。

目錄 Contents

第1篇 實現自我價值

經驗法則告訴我們，東西能賣多少錢，關鍵在它值多少錢。是個寶或是根草，由它本身的性質決定。也許有人能從價值低微的東西創造財富，但別以為自己也有這種本事。

一個人身上若具備成功因子，那麼連命運也阻擋不了他邁向成功。不具備成功特質而追求成功，就像買彩券一樣，只能寄望百萬分之一的好運。與其祈求好運降臨，不如走出自己的成功之路。

第一章

找對才能的位置

1 天才，是能充分發揮潛能的人

志輝從小貪玩，不愛讀書，成績一塌糊塗。父母常罵他笨，久而久之，志輝也覺得自己笨，索性放棄念書。勉強讀完國中，志輝就不想繼續升學了。舅舅知道後，責備他：「你玩的時候花樣特別多，哪裡笨？如果你將玩的心思用一半在讀書上，一定能考上大學。」志輝受到刺激，從此埋頭苦讀，三年後，果然考上一所明星大學。

人的生命是短暫的，但潛力是無窮的。據專家研究，普通人的潛能只發揮不到10％，還有很多開發的空間。能出人頭地者，必定是那些善於發掘自身潛能的人。那麼如何在有限的生命中發揮最大的潛能呢？

1、善用每一分鐘：上天給每個人同樣的時間，但所產生的效益卻視各人的運用方式而異。以一個正在學習英語的人為例，起床後開始半小時的例行工作：刷牙、洗臉、更衣、用餐，然後聽英語錄音帶半小時，總計花一小時。但若一起床就按下錄音機開關，一邊進行上述的例行工作一邊聽錄音帶，則一小時的工作僅耗費三十分鐘就可以完成。凡事有輕重緩急，必須釐清處理的先後順序，並按照計畫逐一完成，才不會顧此失彼、手忙腳亂。現在是知識爆炸的時代，多花一分精力充實自己，就比別人強一分適應能力。若不吸收新知，只是用套公式的方式過日子，很快就會被社會淘汰。

2、設定明確的目標：精神專注、心無旁騖，自我進修時，才能充分發揮記憶能力；觀察分析事物時，也才能更細緻、更有條理，收到事半功倍之效。身心疲憊時，工作效率自然大打折扣，因此必須適度地休

息。而意志消沉時，更要設法鼓勵自己、設定目標，再度提起奮鬥的勇氣。但絕不能好高騖遠，以免達不到目標，反而使精神承受更重的壓力。一事無成的人多半缺乏慾望。慾望是一股無法想像的強大力量，也是邁向成功的動力。因為有了慾望，人才會發憤圖強，追求自己的理想。如果不知道自己想成為什麼樣的人，就不能塑造自己的人格；如果不知道自己想做什麼樣的事，就不能提高自己的能力。訂立目標，能使自己凝聚精力，有利於潛能的發揮。

3、勇於接受挑戰：適應力是人類與生俱來的潛能，但許多人正逐漸喪失這種能力，他們墨守成規、害怕變化，徒然喪失良機。「窮則變，變則通」，如果不能改變環境，就去適應環境，這是基本的成功之道。凡事應當機立斷，猶豫不決只會延誤時機。不做決定也許就不會犯錯，但人生卻有一個最大的遺憾：永遠無法享受成功的樂趣。人最容易原諒自己，有了過失，便找一籮筐的理由來搪塞，而不求根本的改善或解決之道，潛力無法激發，日子就這樣平淡地流逝了。反觀有成就的人，無不充分發揮個人的潛能。遭遇任何磨難，總是盡其所能地尋求自我突破，最後終於能享受到成功的果實。

2 目標，引導人走上正確的路

政平是一個愛做夢的青年，他有滿腦子想達成的願望：想成為一位政治家，為人民做事；想成為一個大富豪，與比爾•蓋茲一爭高下；想娶一位漂亮的妻子，對自己忠貞不渝……但在現實中，他卻沒有一個明確的目標，覺得從政沒意思，發財也沒意思；娶老婆雖然有意思，但眼前的女人都沒意思。他每天工作無精打采，下班後無所事事，活得悲觀、頹喪，有心振作起來，卻不知該怎麼做。

平庸的人沒有一個明確的生活目標，跟著感覺走，走到哪算哪，結果總在原地踏步，像無頭蒼蠅般奔波忙碌，卻一事無成。如果你不想成為他們中的一員，必須盡快確立人生的目標。

目標帶來動力

如果你知道自己需要什麼，就會有行動的動力。有了目標，工作就會變得有樂趣。你會因為受到激勵而願意付出代價，妥善管理時間和金錢，並且研究、思考和設計目標。越是投入目標，你就會越熱情，當願望變成渴望，對一些機會也變得很敏銳。這些機會將幫助你達到目標。

先確立一個長程目標，然後將它分成多個短程目標。對於最近的目標積極付出努力，因為它們可以在短時間實現。你完成這個短程目標的時候，對自己產生信心，然後短暫休息，再邁向下一個目標。

人生就像爬山一樣，必須先有攻頂的強烈慾望。如果你只滿足於站在山谷中，悠閒地望著山頂，想像自己站在上面，這樣永遠到不了顛峰。你不但要提起勁努力攀登，而且不能盲目前進，無視於腳下的岩石。山頂有時清楚，有時模糊，但是即使看不見，你還知道它是最後的目標。最後的目標使你不致迷失，如同指南針一樣。不過如何爬山則要靠自己的努力。

沒有人會懷疑設定明確目標對成功的重要性——然而，多數人都沒有真正地按目標去生活。目標不僅是一個努力方向，還應該是一個衡量尺度，用它來判斷生活中哪些事是有益的，哪些是有害的，然後按利害關係來決定做與不做。假如目標只是紙上談兵，就只是空想。

讓目標融入生活

工作、家庭與社交是息息相關的，但影響最大的是你的工作。家庭的生活水準、社交的名望，大部分是以你的工作表現決定的。所以，將眼前的工作做好，等於為未來鋪墊腳石。

人的內心有無限的力量，當一個人充滿信心地發揮才能時，他的人生就會散發驚人的光芒，不可能的事也會變成可能。命運也會屈服於人的決心。當我們有了某種決心，並且相信一定會實現，將會左右逢其源，把自己推進成功。不管處在何種惡劣的環境中，都不要被現實打垮，要為達到目標去努力，甚至朝更大的目標挑戰。當你這麼做時，已經一步步走向成功之路了。

你要的是什麼?做決定不能依賴潛意識，要憑理性。從生活瑣事到人生規畫，凡是自由意志所為都要靠理性。理性不但能幫助我們訂立目標，還能幫助我們在情勢不利時明智地改變目標，使我們的行為不會無理、偏執或受人左右。

不要認為自己「無能為力」

沒有「無能為力」的人，也沒有「無能為力」的事。下面的兩個建議和你的毅力結合時，期望的結果便唾手可得。

1、告訴自己「一定有其他方法可以辦到」。每年有幾千家新公司獲准成立，可是五年後，只有一小部分繼續營運。那些半途退出的人通常這麼說：「競爭實在太激烈了，只好收手。」事實上，真正的關鍵在於他們遭遇障礙時，只想放棄，因此才會失敗。如果遇到困難就打退堂鼓，就會真的找不到出路。因此一定要拋棄「無能為力」的想法。

2、暫停，然後再重新開始。我們經常鑽牛角尖而不自知，結果看不到新的解決方法。

3 信念，是無堅不摧的力量

安婷畢業於財經系，被聘為某公司會計。她在應徵時說自己有兩年的工作經驗，所以主管直接指派她做會計帳，但安婷其實連一天工作經驗也沒有。一接觸到實際工作，她才發現學校學的那點東西根本不夠，連相關的會計科目都不清楚，怎麼做帳？但她堅信自己能完成工作，每天加班到凌晨三點，查閱以前的會計帳，並參考相關書籍，邊學邊做。十天後，安婷準時完成工作，並發現自己在處理會計帳時，已不比資深會計差。

「不可能」三個字只是懦夫的藉口。當人類能在太空翱翔時，還有什麼「不可能」呢？

信念是人生的法則

依賴運氣的人常常滿腹牢騷，一味詛咒厄運，並期待好運降臨。獲得成功的人，則覺得唯有信念方能左右命運，他只相信自己。很多事情，「信則有，不信則無」。當你堅定地相信一件事，在潛意識中就能夠留下印象，而適當地發生反應，這種反應會影響你的行為，並導致行為結果的變化。

在旁人看來不可能的事，如果當事人的潛意識認為「可能」，就會激發極大的潛力。這時，即使表面看來不可能的事，也可以完成。許多令人難以置信的偉大事業也有人能夠去完成，其主要原因就是，那些人擁有「勢在必行」的強烈信念。

要如何培養信念？其中一個方法是保持正面的想法，不讓消極的觀念進入大腦。多讀一點好書，思考智慧的哲理，或是和樂觀的人來往。另一個方法是提高自己的慾望，抱著慾望去挑戰，從而培養必勝的決心。

挫折是成功的基礎

沒有一個奮鬥者能免於失意挫折而風平浪靜地度過一生。失意可說是一個人必經的歷練，並非空想就能有所突破，必須堅守信念，持續不斷地努力。承認失敗就真的失敗了。愛迪生在發明電燈時，曾遭遇千百次實驗失敗，但他說：「我知道了千百種不能用的材料。」如果他在某次失敗後宣告放棄，他就不會發明電燈了。失敗只是延長了成功的時間，並不能阻斷成功。

某位生意很成功的老闆，一走進他的辦公室，就會覺得這是一個身價不凡的人——各種豪華的擺飾、考究的地毯、進出的人潮及知名的顧客名單，在在顯示他的公司成就非凡。然而，這家公司的老闆背後卻藏著不為人知的辛酸血淚。初創業的前六個月，他就把十年的積蓄耗盡，因為付不起房租，幾個月下來都以辦公室為家。他被顧客拒絕過上百次，和歡迎他的客戶幾乎一樣多。整整七年的艱苦掙扎中，他沒有一句怨言，反而說：「我還在學習啊！這種生意競爭很激烈，實在不好做。但不管怎樣，我還是要繼續努力。」他真的做到了，而且做得轟轟烈烈。

這一切想必把他折磨得疲憊不堪了吧？他卻說：「沒有啊！我並不覺得很辛苦，反而覺得有無窮的樂趣。」也許有人會想：「七年時間，太長了！如果奮鬥一兩年就能成功的話，我倒還樂意嘗試。」有這種想法的人，七年後必然還是一事無成，因為天底下沒有白吃的午餐，即使有，也未必輪得到自己。

行動是激勵的秘訣

很多人會認為自己收入太少，不可能變成富翁，這是因為他們不懂積少成多的道理。聽說越有錢的人對小錢越在意，而窮人常會認為「那麼有錢的人，怎麼連一杯咖啡都捨不得喝？」可是我們應該想到，如果他沒有那種吝嗇的精神，也就不會變成富翁了。不僅財富是這樣，信譽、人際關係等也是如此，要積少成多、愛惜使用，否則無法成就大事。

每天花幾分鐘在鏡子前朗誦一些令人振奮、自信的語句，讓內心充滿自信，那麼任何的障礙都將迎刃而解。經常面帶笑容，使你充滿活力和能量。人們用態度、行為、儀表、談吐和眼神來表現自己的自信。有自信的人，他的全身都顯現出自己對未來的評價和藍圖。

自我激勵的秘訣就是「行動」。無論何時，當「立即行動」這個想法從你腦中浮現，就該馬上行動。一個勤奮的藝術家，不會讓任何一絲靈感溜走，而會立即記下來。對他來說，這個習慣十分自然，就像想到一個令人愉快的念頭時，不覺地會心一笑一樣。切記，如果你以積極的心態行事，就能成為理想中的那種人。

「立即行動」是一句重要的自我激勵語句，記住這句話，就是向前跨出重要的一步。

4 才能，要充分發揮才有價值

麗珍相貌普通，在校成績也普通，好不容易面試進一家公司，但能力有限，業績也普通。不過，她的口才不錯，記憶力也很好，善於說故事。於是，她經常將同事們閒聊時所談的對公司的看法整理歸納，然後向老闆提出自己的建議。老闆覺得她頭腦清晰、思維活躍，而且關心公司事務，值得重用。結果，兩年後，麗珍一路晉升到公關部經理的職位。

每個人都具有某種特殊的才能，但許多人並不認為這些才能會對現在的工作有幫助，或者並不知道如何運用這種才能，以致於這些珍貴才能都白白浪費了。

才能決定身價

你認為你的身價有多少，你就值多少。如果別人認為你「不值錢」，那是因為沒有發現你的特殊價值。因此，你應該先認清自己的才能，同時保持自信。才能是一個廣義的概念，包括智力、體力及人際關係等各方面。即使是擅長電腦遊戲，也是一種才能。只要用對地方，就有它的價值。

這就像我們將砂糖加入咖啡中，若不攪拌均勻，那麼加再多的糖，喝起來還是苦澀的。要使咖啡香甜，絕對不是加入大量砂糖，而應將咖啡中的砂糖攪拌均勻，讓甜味完全散發出來。同理可證，想要達到目標，最重要的不是學習新本領，而應先將現有的才能發揮到極限。

小聰明也可以成就大事業

不論何種才能，一旦發揮作用，就會立刻在心底湧起一股自信。所謂自信，大部分都是在發現自己擁有某種特殊才能後產生的。從現在起，不要丟棄那些曾經以為是沒有幫助的小玩意兒（例如電玩），不妨試著思考如何運用這些小玩意兒來提高自己的身價，改進自己的人生。

「小聰明不重要」是錯誤的觀念。舉一個不甚恰當的負面例子：「雞鳴狗盜」這個成語源於一個運用小聰明脫險的經典故事。剛開始利用某些小聰明時，可能需要相當的勇氣，一旦突破之後，就得心應手了。某位家庭主婦，為了迎合家人的口味，常常用一些特殊的配料烘製蛋糕，沒想到不但家人讚不絕口，甚至在鄰里間也大受好評。後來，這位家庭主婦開始自製自銷，結果賺取一份可觀的額外收入。

5 人格特質比智謀更重要，能降低成功的難度

小李大學時很愛看智謀類的書，將三十六計背得滾瓜爛熟。畢業後，他到一家小公司做事。他覬覦主管的位置，並積極採取行動，運用「含沙射影」、「指桑罵槐」、「借刀殺人」等不正當的手段，一方面貶低別人，一方面抬高自己。於是，他很快就得到老闆的信任。然而，不久之後，突然被炒魷魚。小李錯愕不解。老闆說：「你來了這麼久，從沒聽你說過別人一句好話。」

在現實生活中，似乎越愛耍手段的人越容易成功。實際上，這只是假象，那些看起來耍手段卻能成功的人，必有其他優點彌補缺陷。下述二種特質是不可或缺的，否則很難獲得成功。

友善待人

一個人的成功固然離不開能力和智謀，但存心不良的小聰明卻會為自己招災惹禍。友善待人是人的基本德性。社會地位高的人不一定是好人，但多半看起來比較友善。友善可以獲得真正的友誼，無端的爭鬥只會造成兩敗俱傷。友善能化解矛盾，無情的指責只會使問題惡化。友善就能謙虛待人。唯有謙虛，才會被人真心接納，才有機會截人之長補己之短。有謙才有容，有容方成其大。

某個女孩好不容易找到一份在高級珠寶店當售貨員的工作。有一天，店裡來了一位衣著破舊、滿臉憂愁的男顧客，用一種渴望的眼神，盯著那些高級首飾。女孩接電話時不小心把一個碟子打翻，六枚精美的鑽石戒指滾落在地上。她慌忙撿起其中的五枚，但第六枚怎麼也找不到。這時，她看到那個男子正走向門口，頓時意識到戒指被他拿去了。於是，她小聲叫道：「對不起，先生。」那男子轉過身來，兩人對視了一會。女孩神色黯然地說：「先生，這是我的第一份工作。現在找工作很難找，想必您也瞭解，對不對？」男子看了她許久，終於臉上浮現一絲微笑地說：「是的，確實如此。但是我能肯定，妳在這裡會做得很好。我可以為妳祝福嗎？」他走過去，把手伸給女孩。「謝謝您的祝福。」女孩立刻握住他的手，溫柔地說：「我也祝您好運！」男人轉過身，走出大門。女孩目送他的身影消失在門外，然後轉身走到櫃台，把手中握著的第六枚戒指放回原處。

女孩用她的善良和聰慧感化了那位男顧客。她用一種寬容和仁愛的心去看待他的錯誤行為。如果她像眾多缺乏善心的人，先指認他為小偷，然後叫來警察對他搜身，將使問題變得非常複雜。不是男人被當成小偷，就是她被當成誣陷者，絕對不會出現皆大歡喜的結果。

不輕易指責別人

有句至理名言：當你給別人陽光時，你也會得到陽光。每個人都希望自己能得到讚美，不希望被責備。但在現實生活中，人與人難免會有磨擦，抱怨和責備就隨之而來。指責不會使事情按照自己的意思發展，反而會帶來意想不到的困擾。

林肯曾寫過一封匿名信給某報社，諷刺一位名叫詹姆斯・希爾茲的政治家。這人自命不凡、好勇鬥狠，當他查出信的作者時，馬上去找林肯要求決鬥。林肯不想應戰，但為了保住榮譽，不得不同意決鬥。在約定日期，他與希爾茲來到密西西比河的沙堤上，準備決一死戰。幸虧在最後一刻，他們的助手盡力阻止了決鬥。

這是林肯一生中最驚心動魄的個人事件。這件事讓他明白做人的道理，他從此再也沒寫過侮辱人的信，也幾乎沒有為任何事再責怪過別人。因此，在日常生活中，盡量避免因一時衝動而辱罵、輕視別人，而面對別人的指控時，也要盡量寬容。

6 形象，是最鮮明的人格魅力

士偉是個衣著隨便、不修邊幅的人，卻經常自詡為「行大事者不拘小節」。後來，他到一家大公司上班，最初會特別注意衣著，但不久又故態復萌。某天，總裁巡查部門工作，見他滿臉鬍渣和骯髒的皮鞋，勃然大怒地說：「你可以不在意自己的形象，但公司必須在意自己的形象。下次再見到你這副模樣，請你立刻走人。」士偉顏面無光，想辭職不做，但捨不得這份高薪的工作，只好改掉不修邊幅的習慣。

很多人都有和士偉類似的習慣，導致他們喪失許多成功的機會。雖然個人形象不是成功的最重要因素，卻直接影響到自己是否容易被接納。不被人接納，能力再強，也只能徒呼負負。

展現人格魅力

人格魅力是心理素質和修養的外在表現，它直接反映道德品格、思想情感、性格氣質、學識教養、處世態度等。一個人是否能被人接納，與其人格魅力關係甚大。人格魅力包括以下幾個方面。

1、精神飽滿，神采奕奕：富有自信能激發對方的交往熱情，活絡氣氛。萎靡不振、敷衍冷漠，則使對方感到興味索然，甚至不悅。與人來往時，要適時表示關心對方的興趣和嗜好，並隨其言談舉止做出自然得體的反應。要別人喜歡自己，自己先要喜歡別人。

2、衣著整潔，儀表得體：一個人風度翩翩、俊逸瀟灑，人們往往樂於與之交往。不修邊幅、骯髒、邋遢的人，絕對無法吸引他人。

3、談吐幽默，言語高雅：一般而言，不善言談、沉默寡言的人讓人感到沉悶，侃侃而談、反應敏捷的人比較受歡迎。此外，最好不要在背後道人是非，講話注意分寸，而且要在背後讚美人，當面批評人。尤其不要油腔滑調，不要說粗話。

4、溫文爾雅，舉止大方：舉止穩重得體，表示一個人良好的教養，讓人有成熟、可信賴之感。只有對自己充滿信心的人，才能在社交中做到自然大方，揮灑自如。

發現別人的價值

如果周遭的人都喜歡你，成功的機會就會更多。因此，如何讓人喜歡自己，是一件非常重要的事情。那麼應該要怎麼做呢？

首先，必須承認別人是重要的。你要堅定地使自己相信：別人是重要的。甚至在你不想相信的情況下，也要堅持這麼做，同時還要讓別人瞭解你的態度。這麼做的好處是：將你的人際關係奠基於真誠之上。不過，如果你口是心非、耍花招，一旦露出馬腳，別人對你的信任將消失無蹤。

其次，必須真心讚美別人。讚美比承認更進一步。承認多半是被動的，我們承認別人的缺點卻仍然把他們當作朋友。而稱讚則更加主動，它超越只是容忍別人缺點的範圍，而積極地發掘我們喜愛的優點。

人人都渴望被欣賞，他們找尋的是能提高自己價值而非降低自己價值的人。去發掘別人身上真正有價值的東西吧！每個人身上都有值得讚賞的優點，關鍵在於你是否願意去發現。

展現自己的價值

如果你能在交往中慷慨地散播歡樂，為別人帶來愉悅的情緒，那麼你將會是個受歡迎的人。

我們為了給別人留下良好的印象，經常會改變自己的形象。然而，這並不代表你必須變成一個「演員」，故意掩飾自己的真情實感，完全放棄自我的內在氣質。那種做法並不可取，它不僅使你感到壓抑和束縛，一旦被人揭穿，結果只會適得其反。

知道如何與人交往的人，不會因場合不同而改變自己的獨特性。保持真我是給人留下美好印象的秘訣。不管是與人交談或發表演說，都要保持本色，千萬不要言行不一。

內在的氣質是最寶貴的。保持真我，就是保持自己獨特、健康的個性，至於那些人見人厭的怪癖，應該毫不猶豫地拋棄。

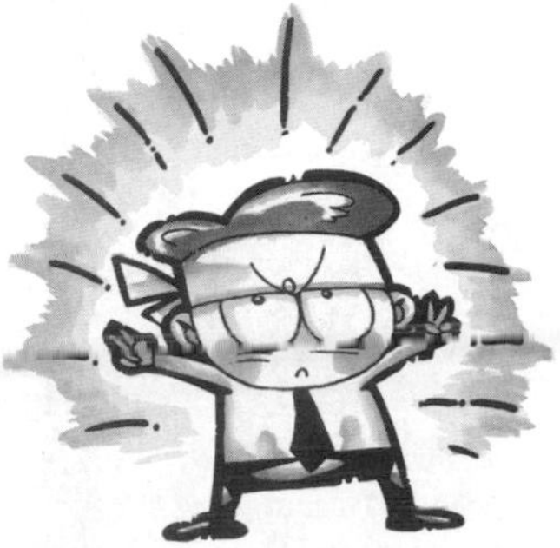

第二章

肯定自己
才知道存在的價值

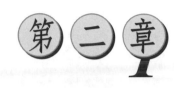

7 克服情緒起伏，擺脫低潮

美雪是個比較敏感的女孩，在校時就不愛跟別人來往，更不愛開玩笑。開始工作後，免不了要與老闆、同事接觸。若老闆或同事對她說了一句不中聽的話，她就會難過一整天，老是想著這件事。有時埋怨別人對自己有成見，有時怨恨自己沒出息，甚至聯想到曾經發生和可能發生的種種不愉快的事。她經常忍受這種情緒起伏的煎熬，卻不知道該怎麼解脫。

像美雪這種極易情緒低落的例子越來越常見，其實每個人都可能有沮喪絕望或興奮激動而難以自抑的情況。這時，應該如何控制自己的情緒呢？

分散注意力

情緒一旦爆發，就很難收拾，因此，最好在爆發前就將它控制住。可以利用某些方法克制自己的情緒，例如，有人生氣時，就在心中暗誦英語二十六個字母來制怒。俄國著名作家屠格涅夫與人吵架時，就讓舌尖在嘴裡轉十圈，使心情平靜下來。平復情緒有很多種方法，目的無非是分散注意力，免得受情緒牽制。

另外，不要太愛面子，適時地轉移注意力，反而更能保住面子。美國來自伊利諾州的議員康農在初上任時，遭到另一位代表的嘲笑：「這位從伊利諾州來的先生，口袋裡恐怕還裝著燕麥呢！」這句話的意思是諷刺康農尚未擺脫農夫的氣息。然而，康農卻從容不迫地笑道：「我不僅在口袋裡裝有燕麥，而且頭髮裡還藏著草屑。我是西部人，難免有些鄉土氣，可是我們的燕麥和草屑，卻能長出最好的苗來。」康農的恢宏大度，頓時使嘲笑他的人慚愧不已。

幽默與歡笑是調節情緒的好方法之一，在惡劣的情緒下笑一笑，陰霾會一掃而空。美國紐約大學某教授發現，笑可以驅散心中的積鬱。蘇聯某心理學家更認為，笑容是衡量一個人適應環境能力的尺度。因此，當你有煩惱時，不妨想些引人發笑的事，或是看看笑話集或輕鬆的漫畫，有助於排除愁悶。

轉移情緒

壞情緒有時很難控制，這時，你可以試著把自己的注意力和精力轉移到其他事物上，讓自己沒時間去想不愉快的事。德國生物學家海克爾結婚兩年，愛妻不幸去世，年輕喪妻使他痛苦得瀕臨瘋狂。後來，海克爾忘我地投入工作中，才逐漸走出痛苦的煎熬。他每天只睡三、四小時，工作十八小時，一年之內就寫出一部一千二百頁的鉅著——《生物形態學概論》。

人最大的困擾不是沉重的工作，而是閒著沒事做。根據社會學家約得森・蘭特斯的統計和研究表示，大部分人在閒閒無事的時候，不是感到快樂，而是煩惱和焦躁。忙碌的人，往往是最輕鬆的人。一些在事業上有卓越成就的人，在回憶一生的經歷時，經常覺得最快活的時光，是在辛苦工作的時候。請喜歡你的工作吧，這是防治情緒病的良藥。

當情緒不佳時，除了投入工作外，不妨暫時抽離，看電影、打球，或者遊山玩水，離開使你心情不快的地方，改變想法，放鬆心情，有利於平復情緒。

適當宣洩

控制情緒，最簡單的方法莫過於「宣洩」出來。千萬不要壓抑，「隱藏的憂傷如熄火之爐，會使心燒成灰燼」。如果到了悲痛欲絕或委屈至極的時候，就放聲大哭一場吧！這會使你的心情稍微舒坦。心中有煩惱，可以向親朋好友傾訴，尋求安慰。

古羅馬著名思想家西賽羅認為：「天下最愉快的事情莫過於結交互相親愛、互相扶助的朋友。」年輕人應該更積極，廣交朋友，特別是心胸寬闊、性格開朗的人，他們能帶來許多意想不到的快樂。

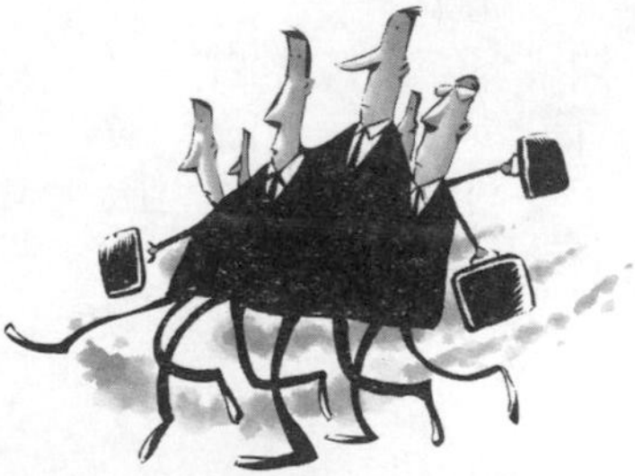

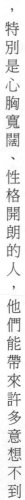

8 為情緒找到宣洩的出口

淑珍在大學一年級時交了一個男朋友，他們的感情很好，並有過「海枯石爛」的愛情誓言。然而，大學畢業後，淑珍的男朋友卻說要和她分手。當時淑珍無法面對這個事實，整天悶悶不樂，對什麼事都提不起興趣。如果有「忘憂草」這種東西，她一定會毫不猶豫地吞下去，遺忘一切讓人不愉快的事情。但世上哪有「忘憂草」呢？

當人們有所割捨，如友情、愛情和自尊時，就傷心痛苦，這是人之常情。但無論如何我們都得生活，所以遇到這些事時，不妨嘗試以下的建議。

對症下藥

當你悲傷時，就找使你悲傷的人，直接告訴對方你的感受。不管你是否願意，還是必須以某種方式發洩情緒。如果不面對導火線，壞情緒可能會隨時隨地發作。情緒發作時，是不會選擇時間和地點的。員工不向上司訴說不滿，卻消極地對待工作，就是典型的例子。直接與造成情緒失控的人溝通，就能杜絕不快的原因，使心情變好。

人們在害怕受傷或有所失去時，就會變得恐懼、焦急。某位少女的母親進醫院檢查和動手術時，家人為了不想讓她擔心，對其母親的病況絕口不提。少女害怕發生不幸的事，懷疑每通電話都可能傳達壞消息，結果變得異常焦慮，僅能勉強應付學校和家裡的工作。直到別人告知她母親的病情，她才放下一顆懸宕已久的心。

感到不安時，就設法找出不安的原因。是害怕無法應付生活和環境的變數呢？還是自尊心受損、價值觀受到考驗？試著找出解決的方法，不要因為擔心而逃避。一味的逃避，只會讓問題變得更棘手。

適時發洩

生氣之前，最好先自問：「誰得罪了我？事情的真相是什麼？我對他說什麼？我本來要說什麼？為什麼我沒有說呢？」心靈受創時，都應該立刻處理。例如，偉傑抗議雅惠開的舞會吵鬧不堪，其實，偉傑真正憤怒的原因是，他和雅惠是老朋友，雅惠卻沒有邀請他。「但是我們並不是真正在開舞會。」雅惠解釋：「只是公司同事的聚會，所以沒有請你參加，難道你就為了這件事生氣？」當面澄清誤會，通常可以解開彼此的心結。

不能適當發洩怒氣，情緒就會反過來侵蝕自己。伴隨情緒起伏而來的，通常是因內疚而自怨自艾。例如，責怪自己未達成理想而讓父母失望，或無法達到別人的要求而記恨在心。內疚來自壓抑的憤怒，而憤怒是因心靈受創而產生的，解決的方法應該是先找出根本的原因，尋求發洩的管道。例如在工作中受到批評，就咬緊牙關，將精力全部宣洩在工作上。這樣不但能平復情緒，還能改善別人的看法，更勝於無理取鬧，影響別人對自己的評價。

9 自信，將不可能變成可能

志平是某明星大學的畢業生，開始工作後，很想做出一番令人刮目相看的成績，展現明星大學畢業生的價值。不過，實際接觸工作後，他卻覺得自己有所不足，對完成任何事都沒有把握，可能是欠缺經驗，或是專業知識不足。因此，他從不敢大膽承擔高難度的工作，擔心做不好會破壞自己的名聲。久而久之，老闆就對他失去信心，把他當成一個打雜的人，只交給他一些簡單的工作。志平也喪失自信，懷疑自己只適合當學生，不適合工作。就在志平為何去何從的問題猶豫不決時，來了一位新上司。他對志平說：「不要找做不到的理由，如果什麼事都等到十拿九穩才去做，就什麼事也做不成。放手去做吧！行動產生奇蹟。」對志平而言，這是一個好的開始。一年後，他就成為這家公司最優秀的職員。

對大部分的人來說，真正的問題不在於頭腦是否敏銳、教育程度如何，更不在於是否有過人的才能，而是沒有一個明確的目標，總是在原地打轉，對前途感到茫然，或是在追求某一目標時，卻突然失去信心，覺得自己「無法實現」。事實上，很多人對目標望而卻步，並非真的「無法實現」目標，而是自認為無法實現。這兩者有本質上的差別。認清問題，就會信心大增。如果你還感到迷惑，不妨照下列幾個步驟去做。

全力以赴

許多人即使設定目標，也沒有足夠的熱忱達成，缺乏必勝的決心。某位哲學家曾說：「多數人都認定自己做不到，對任何事不抱希望。」因為不寄予希望，所以經常抱持「我做不到」的想法，結果做任何事都沒有信心。在工作上追求快速成長而始終認真如一、朝目標奮勇邁進的人不多，很少人會對工作全力以赴。

無論你在哪家公司上班或從事何種工作，只要懷著「這是我唯一的工作」這種想法，自然就會產生無比的信心。這種全神貫注的信念非常重要，半途而廢的人絕對不會有自信，也不會受到賞識。

「人，唯有貫注於自己的工作才會產生希望。」希望和白信原屬同一根源。當你全副心神都投入工作之中時，心底就會自然產生「只要確實去做，一定做得到」的自信。就抱著這種想法一天吧，短短的一天，可能就是你一生的轉捩點。

事前準備，事後檢討

自信的重要泉源之一是做好準備工作，因為必要的準備能提高成功係數。例如，在向人推銷商品或推薦構想時，保持自信的最好方法，就是事先準備任何場合都能讓對方接受的東西。再者，為了不使對方感覺浪費時間，應該事先決定採取何種話題、方式，適當表達出重點。當然，不能等到凡事準備齊全才採取行動，因為事物中存在著許多模糊和不確定性，既然無法預測風險和變數，就只能在行動中隨機應變。

著名的哲學家兼教育家約翰‧德伊曾經說過：「從過去的經驗中所得到的教育，是建立自信的重要因素。」不幸的是，多數人似乎都不得這個道理，他們總是重蹈覆轍，在跌倒過的地方一次又一次跌倒，甚至將它當成一個必然的程序。如果我們能夠深刻自省一天中發生的事，將之當作一種啟示、教訓，就能避免再犯相同的錯。建議將各種經驗教訓用筆記錄下來，你將得到意想不到的收穫。

經常反省自己，必定可以減少日後的錯誤及失敗，也會增加自信心，當然就能快速提升個人價值了。

冷靜思考問題根源

我們處在一個變經常動的社會，有些人容易被複雜的問題所苦。但一個人若要建立自信，就一定要思考複雜、困難的事情，不用頭腦就無法進步。問題越複雜，人們就越容易跟著感覺走，不想動腦思考，結果導致失誤的可能性越高。面對複雜的問題時，更應該認真地釐清思緒，才會提高成功的可能性。事實上，不斷的成功才是自信的堅實基礎。

缺乏自信的人，終日和擔心結伴為鄰。越容易感到不安的人，越是不敢肯定自己。只要做好最壞的打算，就能克服對未知的恐懼。事實上，真正讓人不安的事情，根本沒什麼大不了的。有時認真研究，你會發現你所懼怕的「幽靈」，原來只是一株枯萎的盆景罷了，這時，你就會為自己深陷其中的恐懼感到好笑。因此，只要拿出勇氣面對心中的不安來源，自然就可以消除陰影，產生堅定的自信心。

約束自己堅持實踐

老子說：「自勝者強。」能夠約束自己的行為，也是一種戰勝自己的表現，這能給人帶來持久的自信。所謂「約束」，並不僅僅是在頭腦中約束自己，重要的是行動。你可以試著在紙上寫下目標，例如「從今天起十天之內，每天早上要慢跑」或「從今天起十天之內，我要比平常早三十分鐘出門上班」等，並在紙上標明日期、簽名。約束的內容不重要，重要的是將它寫在紙上後，不論發生什麼樣的障礙，都務必遵守。當你在遵守這種約束時，就會發現由實踐產生了自我信賴。這種自我信賴更是你已開始坦然面對自己的實證，此時自信當然也會跟隨而來。隨著時日的推移，它將根深蒂固地成為你的勇氣與力量。

大多數人在實行這種自我約束時，會有優柔寡斷、遲疑不決的心態，即使實行，一旦遇到困難又會隨即中止。然而，若是用這種寫在紙上的具名方法，就不會輕易半途而廢了。這是我們從柔弱轉變成堅強的最佳捷徑。

10 堅定信念，克服自卑

亞維出身農村，家境貧寒，雖然考上大學，但繳不起學費，只得在家務農。他不想一輩子當個「面朝黃土背朝天」的農民，然而，他在大城市裡找不到工作，只好去撿垃圾賣。半年後，存了一點錢，就租房子開垃圾收購站。等到積蓄再多一點時，想改經營服裝店。於是他先去擺地攤，從小生意學起。後來，他成功地開起服裝店，而且生意興隆。現在他已經是一位擁有十餘家分店，資產上千萬的大老闆了。

生活的決定權在自己手中，別人是無法取代的，關鍵在於你如何把握這種機會，獲得成功。

信念和慾望

成功始於決心成功的那股信念。功成名就的人，其信念和慾望令他們伺機而動的老虎，也像勇往直前、銳不可擋的火車頭。他們毋須別人鞭打監督，而能自制自律；他們懂得盡可能利用現有的資源；他們矢志不渝、無所畏懼，所以無往不利。

上蒼安排給每個人的成敗機率是相同的，但成功與否，則端視個人掌握成敗的能力而定。面對眼前討厭的工作，有的人想逃避，他們認為一直放任不管，別人會替自己做。然而，這些逃避的人什麼東西都學不到。相反地，樂意接受這些討厭工作的人，只要能夠解決問題，下次再遇到更麻煩的工作時，就能順利完成。擁有堅定的意志，就一定能夠突破難關。就算一次又一次地遭遇難關，只要能一次又一次拚命越過，自己的能力將與日俱增，將別人遠遠甩在後面。

難關是鍛鍊你的意志的場所，是為了繼續向前走的能源儲蓄所，更是使你能力更強、心胸更寬大、人生經驗更豐富的磨練場所，甚至可說是指引你人生之路的導師。如果我們想在最惡劣、最不利的情況下取勝，就必須把所有可能退卻的道路切斷。只有這樣，我們才能保持「必勝」的決心。這是成功必備的條件。

克服自卑

在現實生活中，大部分人都有某種程度的自卑，如果不克服它，只是悶悶不樂地等待，就無法隨心所欲地發揮自己的優點。越想追求完美生活的人，往往越容易產生自卑感。這種感覺不能一概認為是退卻、保守的。一個有很多缺陷的人，如果他很遲鈍或不知如何省察自己，根本不會在乎。自卑感可以說是一種「高級」的感覺。現實跟理想通常有很大的差距，也正是這種差距讓人產生自卑。因此，有時越想擁有偉大人生，就越會產生自卑感。

自卑感是與自尊心是相反的極端心理，沒有向上心或自尊心的人，通常不會有自卑感，他會理所當然地承認自己的智力或才能都比別人差。即使有慘痛的境遇，也認為是當然的事，打消奮鬥的念頭。這種人不會有自卑感，會認命的過一天算一天。

承認比別人差，卻又不甘心將自己捲入鬱悶的思想裡，這就是自卑感。如果死心，破罐子摔得再破也不會引起自卑感，唯有無法死心的自尊心存在，才會造就今天的自卑感。

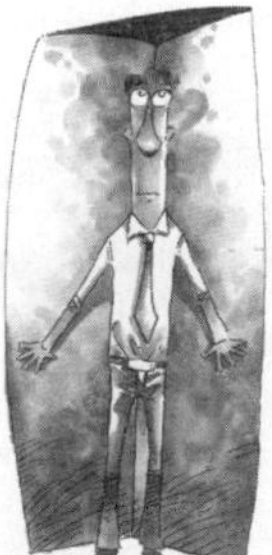

11 戰勝自卑，重拾自信

有個心理學家，在他的小女兒第一天上學之前告訴她，在學校裡要經常舉手，尤其是想上廁所時，更是特別重要。小女孩遵照父親的叮嚀，不只在上廁所時舉手，不論老師所提的問題是否能夠回答，她還是搶著舉手。很快地，老師對這個不斷舉手的小女孩，印象極為深刻，以後不管什麼問題，總是優先讓她開口。結果，小女孩的學習成績及其他方面的能力，遠遠超越其他同學。

每個人都想和前例的小女孩一樣積極主動，希望能夠擺脫自卑感，但要重拾自信不如想像中的簡單。到底要如何找出產生自卑感的癥結並加以克服呢？

避免以自卑自我催眠

自卑者的主要特徵是不瞭解自己，不相信自己有解決難題的能力。這類型的人，總是把碰到的問題掛在嘴邊，抱怨自己命不好。他們大談特談自己的遭遇，目的是為了贏得別人的同情。他們會經常對周圍的人說：「唉，你們根本不知道我的難處啊！」。其實，在現實生活中，任何人都會遇到困難，有些人的遭遇確實分外令人同情，例如生重病、失戀、殘障等。不過，有一些人根本沒什麼問題，卻終日自怨自艾、愁眉苦臉、無病呻吟。這種人不值得同情。

自卑引起的第一個問題就是困擾別人。人們可能會暫時同情這種人，但遲早會覺得厭煩。誰都不想和總自認倒楣的人在一起，他們只會影響自己的好心情。因此，即使遇到不如意的事情，也不要過分張揚來引起別人的同情，表面上還是要表現得樂觀、愉快。絕不能因為遇到挫折，就貶低自己的價值。

自卑引起的第二個問題是鑽牛角尖。這種人經常想：「為什麼我會這麼倒楣呢？」他們總是浪費時間在思索沒有意義的想法上，而不會想辦法解決問題。這種人通常會認為所有壞事都會發生在自己身上，無力走出困境。日積月累，這種想法會越來越強烈。所以，我們應該保持「自己是最好的」想法，想做什麼就做什麼，對自己充滿信心。如果一個人認為自己很能幹也有潛力，以此信念付諸行動，那麼生活將過得更順遂。

不要放大缺陷掩蓋優點

要如何測試一個人的自卑程度呢？下列的方法可供參考。在三個星期至兩個月內，不向任何人談及自己的煩惱，不以自我為中心批評任何人或任何事，不談論別人在某方面比自己強，同時多和別人聊一些快樂的事。如果你能夠輕易地做到，就表示你基本上沒有自卑的問題。如果你覺得無法達到，就意味著你有一定程度的自卑感。

我們確實有必要花時間分析自己的障礙，找出實際存在的困難，也找出無法克服的瓶頸。如此一來，才能在可能的範圍內追求自己能達到的目標，同時也不必浪費時間追求那些短期內不可能達到的目標。也許你有理想或抱負，但因為某些原因而認為自己不可能實現，因而不努力嘗試，這樣只會增加無力感，喪失自信。扭轉這種心態的方法是，不論做什麼事，只要確定目標，就強迫自己盡量去做，這是使自己從自卑變成自信的第一步。

此外，執意掩蓋或去除缺陷未必可取，因此有些缺陷與優點相連，去掉缺陷，反而會使他們變得比以前差。例如鮮花的缺點是容易凋謝，若去掉這個缺陷，就變成假花，少了鮮活之氣。完美只存在於天堂，又何必在人間尋覓？

12 克服恐懼，勇往直前

詠馨大學時品學兼優，但膽子小，所以畢業後找工作總是不順利。有一天，她看見報上有一則知名企業的求才廣告，很想去應徵。走到那家公司門口，緊張得心臟狂跳，就是不敢踏進去。回家後再回想，覺得根本沒什麼好怕的，為什麼不敢進去呢？後來，她勉強鼓足勇氣，走進這家公司面試，卻又莫名其妙地緊張起來，直冒冷汗。面試時，注意力無法集中，說話不得要領，果然未被錄取。

有的人面對其他人、事或某些行為就會不由自主產生恐懼感，雖然他們知道怕得毫無道理，卻怎麼也控制不住自己。到底要如何戰勝這種恐懼的心理呢？下列二種方法可供參考。

1、用幽默化解恐懼：一旦心生恐懼，就反問自己：「我到底在怕什麼？根本沒有什麼事情好怕的呀！」用幽默的心情來面對並加以解決。例如某醫院婦產科病房有條標語「生命最初的五分鐘是最危險的」，令所有未來的母親們憂心忡忡。後來，有人加了一句「最後五分鐘也十分危險」。不禁讓人會心一笑，頓時如釋重負。

自我解嘲讓人對既成的事實不那麼在意。契訶夫曾說：「當火在你的衣袋裡燃燒起來時，你應該高興，並感謝上蒼：多虧你的衣袋不是火藥庫。當你有一顆牙痛起來時，你應該高興：幸虧不是滿口的牙痛起來。」

2、避免無謂恐懼困擾自己：恐懼經常是毫無道理的。不會發生的事，終究不會發生，而該發生的事，也不可能因為你的恐懼而消失。因此，恐懼只會使你徒增煩惱。與其如此，不如以「順其自然」的心態來面對。當你身處在最恐懼的境地時會發現，最糟的情況不過如此而已。

法國劇作家貝爾納是猶太人，一次大戰時巴黎被德軍占領，他逃亡多日，最後還是被捕，但卻他說：「在此之前，我每天都生活在恐懼之中，可是今後我有了希望。」

顯微鏡的誕生無疑給人類文明帶來了福音，但對於恐懼症患者卻不啻是一大打擊：「水裡竟含有這麼多細菌！」其實白生命起源以來，我們的世世代代都是依賴水得以生存，何必計較這些而畏懼自然呢！

13 嫉妒阻礙自身的進步

宗憲善妒，看到有人積極工作，就說：「不就是為了幾個錢賣命嗎？」看到喜歡幫助人的人，就譏諷：「假好心，愛現！」看到別人接到大筆訂單，他就鼻子一哼：「瞎貓碰上死老鼠！」看到有人發表文章，就露出鄙夷不屑的神色：「還不是天下文章一大抄！」看到別人陞遷，就忿忿不平：「有什麼了不起，還不是從爛蘋果裡選一個。」甚至造謠對方與主管有曖昧使然。同事們覺得他心胸狹窄，都像躲瘟神一樣躲著他。

現實中不乏喜歡蜚短流長、造謠生事的人。只要看到別人「出頭」，就心生妒意，滿腹怨恨。反而大家表現普通，和他一樣無所作為，才會稱心如意。這種作風損人害己，不得不慎。

認清嫉妒的本質

嫉妒心是一種負面情感，是人心中殘存的動物劣性。很多動物的本性是善妒的，例如狼會咬死搶了獵物的同類，甚至曾經有小狗為了爭得主人的寵愛，竟然趁著主人不注意，咬死另一隻小狗。

事實上，有些人就還保有這種明顯的動物特性。嫉妒別人的人，骨子裡正是韓愈所說的「怠」與「忌」兩個字：「怠者不能修，而忌者畏人修。」我不學好，你也別想好；我當窮光蛋，你也喝涼水。這是一種有害無益的腐蝕劑，不僅打擊了別人的積極性，也保留自己的怠惰。就像荀子所說：「士有妒友，則賢交不親；君有妒臣，則賢人不至。」一個嫉妒心重的人，必然胸無大志，目光短淺，沒有作為。

結交成功人士

成功的捷徑是與成功人士合作。當有人勝過自己時，應真誠地表達欣賞之意，並尋求與其合作，在共同的成功中分享戰果。我們有時需要某種刺激作為動力，當別人超過自己時，更是一種正面的刺激，有助於激發自身的潛能。將強者當成超越的目標，總有一天能夠步入強者的行列。如果嫉恨、阻撓、打擊對方，那麼除了為自己製造一個強敵和滿足一點可笑的「虛榮心」之外，又能得到什麼好處呢？

鄭板橋贊袁枚說：「室藏美婦鄰誇艷，君有奇才我不貪。」鄭板橋把袁枚的「奇才」視為整個社會的寶貴財富和個人的依傍而感到欣慰。當然，鄭板橋的聲名才具絕對不在袁枚之下，根本不必嫉妒袁枚。不過，如果他沒有「君有奇才我不貪」的氣度，整天為別人的成功氣悶、為別人的才能痛苦，將時間浪費在跟別人的勾心鬥角上，又怎麼能取得今天的成就呢？

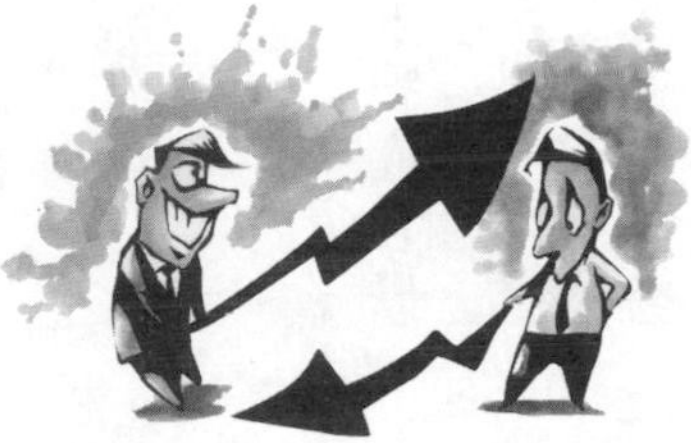

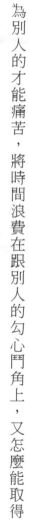

14 減少犯錯，避免偏見掩蓋真相

麗君是一個漂亮的女孩，從小在讚美之中長大，結果養成自以為是的個性，做任何事都認為自己有理，而且她總能搬出一堆書裡知識和生活經驗來證明自己是對。她交過五個男朋友，他們都無法忍受她的任性。結果，麗麗現在已經三十二歲，仍孑然一身，自以為是的毛病更勝從前。

不要輕易承認自己是錯誤的，但也不要輕易認為自己是正確的。相較人類浩瀚的知識來說，我們有限的見識有如「瞎子摸象」，似是而非。避免偏見，無疑是一種科學而審慎的態度。

容納不同的意見

杯子裝滿水時，再加水也沒用，而原本清澈的水遲早會變成汙水、臭水。滿腦子自以為是，就好像杯子加滿水一樣，無法接受新的思想，頭腦終究會遲鈍僵化。

如果截然相反的意見會使你大動肝火，這就表示你的偏見已經很嚴重。若有人堅持二加二等於五，或者冰島在赤道上，你不應該發怒，只需對他的無知感到惋惜。當然，如果你自己對算術或地理也一竅不通，則另當別論。只有雙方都無法提供令人信服的證據的事情，爭論才會最激烈。因此，無論何時都要注意，不要因為聽到不同觀點的事就怒不可遏。細心觀察，也許你會發現你的觀念不一定都與事實相符。

透過觀察就能解決的事情，務必親自查證。亞里斯多德認為，女人的牙齒比男人少。如果他數一數妻子的牙齒，可能就不會鬧出這樣的笑話了。人類致命的弱點，就是容易自以為是。

避免唯我獨尊

在看待問題時，切入的角度不同，對是非好壞的判斷可能截然相反。例如不論男女，十之八九都深信自己比異性優越。雙方都有充分的根據：男人會說，大部分的詩人、科學家都是男人；女人則會反駁，犯罪分子也是男人多。事實上，男性優越或女性優越的問題難有定論。在多數情況下，我們之所以堅持自己的「偏見」，一是出於無知，不知道看待事物有多種角度，自己看到的只是一部分而不是全貌；一是出於自尊，即使知道自己的觀點未必正確，也不肯承認，有時甚至會為證明自己的正確採取一些愚蠢的行動。很多工作和生活中的錯誤就是這樣造成的。

如果你覺得別人缺乏理智、蠻橫無理、令人厭惡，你就要提醒自己：在他們的眼中，你或許也是如此。就這一點來看，或許雙方都是對的，也有可能雙方都是錯的。我們對人事物的觀點和想法，應該保持適度的彈性，切忌唯我獨尊。

第2篇 生活經驗

人生是一種優勝劣汰的競爭，你想衝在前面，必須突破別人的阻擋；你想成為勝者，必須承受別人的攻擊。人生有時就像拳擊台上的搏鬥，很難毫髮無傷地贏得勝利，最後的結果不僅取決於打擊別人的能力，也取決於防禦的能力。

當然，人生不僅僅是一場優勝劣汰的競爭。專注於人生目標，避免無謂的爭鬥，不只是一種能力，也是一種智慧。一味地猛打猛衝的人，很容易半途跌倒。

第三章

懂得分享才能樂在其中

15 保留己見，適時退讓

文松因故被扣獎金，喝酒發洩怒氣，然後借酒壯膽衝進主任辦公室，將主任臭罵了一頓，說他是個「吃人不吐骨頭」的傢伙，好事不做，只會做損人利己的缺德事。主任沒有和他硬碰硬，靜靜地聽他罵我後，說道：「等你酒醒了，我們再談。」第二天，主任將文松叫進辦公室：「你說我『好事不做，只會做損人利己的缺德事』，可以舉個例子嗎？」文松自知理虧，十分後悔，承認了自己的錯誤。

在工作和生活中，很難完全沒有意見分歧或衝突。處理失當，可能會留下心結；處理得當，就能化戾氣為祥和。

平心靜氣化解爭執

與人發生衝突時，千萬不要急躁。一急就容易與人發生爭吵，一旦吵起來，誰也拉不下面子，只好硬著頭皮上。頭腦要冷靜，仔細分析對方說的話是有根據或道聽塗說的，是臆想猜疑或受人挑撥的。釐清爭執的起因，可以就事論事，消除對方的誤會。你只要態度溫和、寬容，不斤斤計較，並且勇於承擔自己的過失，。自然會使本來想發怒的對方，覺得自討沒趣而放棄吵鬧。

大部分的人通常是不想在人前示弱，才一時無法消弭事端。此時，不妨轉移話題，利用幽默感紓解緊張的氣氛，避免衝突加溫。如果遇到別人無理取鬧，可視情況，決定該嚴肅看待或一笑置之。一笑置之，通常有助於擺脫尷尬、難堪的局面。這種做法，既可避免與人發生爭吵，又可以讓自己有台階下，有時甚至可以突顯對方的錯誤，一舉數得。

保留己見，適時讓步

道理不是吵出來的，「公說公有理，婆說婆有理」，可能都有理，也可能都沒理，爭吵毫無意義。在「無所謂對錯的爭論」中，各自保留意見是一種適當的讓步。在無法說服對方改變觀點時，應該提議各自保留意見並停止爭論。

有時一句氣憤的話、一個輕蔑的表情，都可能成為引起爭吵的導火線。每一個人心裡都有一條界線，越過這條界線，就容易使人惱羞成怒，引起爭吵。當對方抱怨時，你不必急於解釋，因為這樣對方會認為你在找藉口。如果對方的抱怨有理，就先向他表示歉意，等對方情緒平穩後再作解釋。多數人在受到重大刺激、情緒惡劣時，最容易對周圍的人「發洩」。這時你如果跟他計較，就會成為他的「出氣筒」。所以，你必須暫時避開，等到他冷靜下來，再跟他談你想要表達的意見。

16 最可怕的敵人是自己的猜疑心

芳儀見丈夫阿德在路上與一名年輕女子交談，心生疑竇，當她走過去時，兩人卻馬上分開。芳儀問阿德那人是誰，阿德說是問路的。芳儀不相信，每天疑神疑鬼，覺得各種跡象都表明阿德有外遇。有一天，阿德打電話給她，說公司有事要晚一點回去。芳儀不放心，跑到阿德的公司打聽，剛到公司門口，卻發現阿德與一名中年女子上了一輛車。芳儀立刻攔了一輛計程車尾隨在後。最後，阿德和那名女子走進一家高級賓館。芳儀覺得自己的猜測獲得證實，心想：「這麼老的女人都要，不要臉！」她追上去，劈頭就破口大罵兩人。其實，這名女子是阿德的主管，她跟阿德一起前來探視住在這裡的一位客戶。女子不堪受辱，翌日就辭退阿德。阿德震怒，打算跟芳儀離婚。

猜疑是一種心理現象，是缺乏「安全感」引起的。很多人經常因為擔心人際關係而對周圍環境過度疑慮。社會生活複雜，一旦人們對某種情況或某個問題缺少真實訊息，就會用猜疑來做出不合理的判斷。

猜疑產生的根本原因是缺乏自信和缺乏對他人的信任。猜疑既影響人際關係，也影響情緒和健康。那麼到底要如何消除人與人間的猜疑呢？

最簡單的方法是「誠心待人，樂觀處事」。

建立自信，與別人真誠相處，是治癒相互猜疑的根本之道。遇事時多往好處想，很多事都是別人無心，自己卻偏偏往壞處想造成的結果。甚至許多問題不是別人對你有成見或有不利於你的行為，而是自己的多疑產生的誤解。

當思維中出現猜疑的信號時，首先必須判斷你的猜疑是否具備充分的理由。疑點很多，應該設法證實。證據模糊不清，主觀臆測過多，甚至帶有很強的猜度色彩時，你就應該避免猜疑，抱持「沒有證實就等於不存在」的心態，這樣就能消弭很多猜測引起的無端紛爭。

17

展現高EQ，培養人際好關係

在一次官司中，俊德覺得律師文傑收費過高，向文傑表態時語氣頗重，文傑心生恚怒，認為價錢已經事先談好，而且自己也費盡心力，現在眼看就要打贏官司，俊德卻提出這種無理的要求，他不由得火冒三丈，聲稱他再也不管這件官司了。俊德見文傑發火，擔心弄巧成拙，於是立刻改口道歉：「對不起，我為我的態度道歉。你有權生氣，請你原諒。」文傑沉默了一會，說道：「沒關係，俊德，我的收費可能高了一點，我也應該道歉。我重新開個價，希望不會影響彼此的交情。」

人不會無緣無故發怒，通常是因為別人說了或做了什麼，也可能因為自己主觀認為別人說了或做了什麼，導致情緒不佳。如果你遇到一個正在氣頭上的人，應該如何消除他的怒氣呢？

以柔克剛

當對方在盛怒之下、毫無理性地向人發洩憤怒情緒時，你應該採取「以逸待勞」的方法，保持鎮定。切忌選擇以牙還牙的強烈手段，以免火上加油，使得局面不可收拾。當對方大發脾氣時，你應該保持冷靜，找出對方發怒的原因。最好的方法是提出探索性的詢問，讓對方吐露憤怒的原因，再設法加以解決。一般而言，生氣的人總是認為別人不夠理解或同情他，你不妨以此為出發點，設身處地瞭解他的感受和處境，引導他適時發洩出來。浮躁的情緒得到宣洩，怒氣自然會平息下來。

消除他人怒氣最好的方法就是，報之以善意友好的態度。生氣的人意識到周遭人態度溫和，只有自己氣憤難當、大吼大叫時，礙於自尊，也擔心自己的無理取鬧被人當笑話看，很快就會恢復冷靜。你可以利用這種心理，支配和控制發怒的人，巧妙安撫他的情緒，讓他重新恢復理智。這樣，既能使自己擺脫尷尬的氣氛，又可以給對方台階下，當然，更能展現你的寬厚待人。

對症下藥

別人生氣，可能是因為你的不當舉措或他的誤解，也可能是為其他事牽怒於你。

不管其怒火從何而來，也不管對方是誰，你都應該找出解決問題的方法，避免傷了和氣。首先，可以先詢問他生氣的原因，找到原因之後，再對症下藥。如果真的是你的錯，就要立刻道歉。如果是其他很難解決的原因，你不妨展現你的氣度，先放低姿態，一句對不起，通常可以速迅消除對方的心結，不必誰對誰錯。

面對因為感覺自己受到輕視、冷落而發怒的人，適時地表現關注、重視的態度，讓他感受到自己的重要性，是消除其怒氣最好的辦法。這種人希望自己被關心。強烈的自尊心不允許他被輕視，當然，更不能接受自己被當成多餘的人。要消除這種人的怒氣，建議可採取尋求其協助、徵求其意見等方式，讓他感受到自己的必要性，那麼他的怒氣一定很快就會平息。

18 拋開既定成見，活出人生的精采

曉妍與玉玲合租一層公寓，曉妍晚上經常加班，每天都很晚起床，而玉玲的公司很遠，一早就得出門。於是，曉妍早上還在睡眼惺忪之際，玉玲已經在廚房做早餐；玉玲晚上睡得正熟時，曉妍卻在嘩啦嘩啦地淋浴。為此，兩人經常吵架，結果不久就分居了。

體諒別人，是生活中的一門藝術。個性成熟的人，懂得包容對方的弱點與短處，幼稚無知的人才會按照自己的標準挑剔別人。

不依自己的標準要求他人

《世說新語》記載：管寧和華歆曾經同坐在一張蓆子上讀書。一天，某個乘車、戴禮帽的顯貴人士從門口經過，管寧繼續讀書，華歆卻放下書本，走出去觀望。結果，管寧割斷蓆子，分開坐，並對華歆說：「你不是我的朋友。」

古云：「同師曰朋，同志曰友。」管寧與華歆師出同門，交情深厚，卻剪蓆絕交，是件悲哀的事。古聖先賢講究君子安貧樂道、恥言富貴，管寧割蓆之由，是因為華歆有崇尚富貴之嫌。世人歷來讚賞管寧割蓆品節高尚，但從交友之道上看，管寧對朋友似乎太苛求了。

人各有志，每個人都是獨立的，思想和見解當然不可能只有一個標準。只需一、二個共通點或志趣，就能成為朋友。即使不是知己，也可以是一般朋友。我們平常講的謹慎擇友，只不過是為了避免與不良份子來往而已。每個人的思想、文化水準不同，對事物的看法也會有很大的差別。有人習以為常的事，有人卻聞所未聞；有人認為值得驚奇的事，有人卻見怪不怪。因此，一個聰明而有理智的人在客觀事物面前，既應該有自己獨特的見解，也應該設身處地站在他人的角度想。學會體諒人，也就是學會尊重他人。

尊重他人的喜好

靜瑩交了一個男朋友，兩人一開始相處得很融洽，但後來談到對未來新房布置時卻發生爭執。靜瑩要求男友的審美觀與自己相同，如果男友有異議，她就認為對方不可思議，無法理解他的想法。男友也覺得她怪、不可理喻，不久就提出分手。

由於靜瑩總是抱著一種要別人遷就自己的想法，所以她在交友與戀愛上不斷受挫，最後竟封閉起自己，失去友誼和愛情。沒有人喜歡固執己見的人，更不喜歡不尊重自己意見的人。如果我們多包容他人的意見，以寬宏的態度看待各種人事物，生活將會更精采。

19 給人台階下，就是給自己面子

佳琪自恃口齒伶俐，經常不顧別人尊嚴，以揭發他人短處為樂。有一天，當佳琪在大家面前挖苦別人而洋洋得意時，對方勃然大怒，用力給了她一記響亮的耳光。在場的人無不竊喜，認為佳琪自取其辱，「欠揍」。

在社交活動中，不讓別人出醜，不但是處世的一大原則，也是為人的一種美德。那麼應該注意什麼原則呢？

不揭人短處

如果不是為了某種特殊需要，應該盡量避免觸及對方的忌諱，更不能讓人當眾出醜。根據心理學的研究統計，每個人都不喜歡把自己的隱私公諸於眾，一旦被揭露，就會感到難堪或惱怒。

在公共場合中，任何人都有可能犯錯，例如念錯字、記錯對方的姓名、禮儀不得體等。當我們發現別人出現這種情況時，只要無傷大雅，就不該大肆宣揚，更不能抱著譏諷的態度而小題大作，或是以人家的失誤在眾人面前取樂。這麼做不但會使對方難堪，使他對你產生反感，甚至會損害你自己的形象，讓人以為你為人刻薄，而對你產生戒心。

與人相處就像下棋，只有閱歷不深的年輕人，才會一口氣贏對方七八盤，眼見對方已脹紅臉、抬不起頭，還在興奮地喊「將軍」。如果你的工作表現已經十分搶眼，不妨在其他方面退讓一步。凡事想出頭，反而會給人壓迫感。一旦你損及別人的自信，很快地，就沒人願意與你合作了。

樂於提供「台階」

我們不但要盡量避免因自己的不慎造成別人下不了台，更要學會在對方尷尬時，及時為其提供一個「台階」。

在給人「台階」時，要不動聲色。既令當事者體面地「下台」，又要盡量不使在場的人察覺，這才是最巧妙的「台階」。舉個例子。有一天，某位外國客人在台北福華飯店請客，請十個人點三瓶酒。女服務員知道十個人五道菜至少得有五瓶酒，但客人看起來並不富有。於是，她不動聲色地親自為客人斟酒。五道菜後，客人們酒杯裡的酒還是滿的。這位外賓臉上很光彩，感激淑慧適時幫他圓場，臨走時表示下次還要來此光顧。EQ高的人，往往都會不著痕跡地協助對方擺脫窘境。

適時給人台階下，不僅能夠保住對方的面子，有時還能博得對方的感激，贏得一段友誼。

20 認識自己，找到適合自己的定位

宇文自小喜歡唱歌，夢想成為一名歌星，但他的音域窄，音質普通，又沒有資本接受專業訓練。有人建議他另謀出路，宇文卻執意追逐他的明星夢。結果，奮鬥許久，還是只能在KTV唱歌過乾癮。

理想有時是盲目的，沒有衡量客觀條件的理想，只是一種幻想。例如一個身高只有一百五十幾公分的人想成為籃壇巨星，其可能性微乎其微。當然，奇蹟永遠都有可能發生，這就是奮鬥的魅力所在。不過，如果你想事半功倍地取得成功，還是充分利用現有條件比較好。

那麼應該要怎麼做呢？首先，要認清自己，找到屬於自己的定位。

在生活中有許多人不瞭解自己，找不到適合自己的位置，而沒有步入成功之門。「知己」和「知彼」一樣，並非易事。正因為這樣，每個人根據自身的特點，選擇合適的努力目標，是要經過一番摸索、實踐的。人無全才，各有所長，亦有所短。所謂發現自己，就是充分認識自己所長，揚長避短，認清目標。唯有如此，才不會好高騖遠，才能在這個世上找到一塊立足之地。

急於求成的浮躁之風已成常態，其實，成功不是一件輕而易舉的事，沒有長久的奮鬥，連一點小成就都不可能有。不要想一步登天，一定要持之以恆，以平常心面對成敗。

每個人都在成長，都在尋找適合自己的位置。社會新鮮人的經驗、歷練貧乏，僅有的優勢可能只是自己的專業，絕對不能輕易放棄，而且要杜絕不切實際的盲目樂觀。在尋找自己位置的過程中，最重要也最難得的是保持一顆平常心，客觀地看待自己，客觀地看待奮鬥，客觀地看待成功。

第四章

能者，是反敗為勝的人

21

挫折是人生最好的磨刀石

宜虹畢業於某明星大學化學系，懷著滿腔熱血與抱負，一心想成為台灣的居禮夫人。然而，出社會後，挫折接踵而來：公司實驗室簡陋、主管平庸、人際關係複雜。理想與現實差距太大，她曾試著去改變現狀，但換來的卻是更多的無奈。她的熱情逐漸消逝，鬥志幾乎消磨殆盡，最後，她放棄了最初的理想，嫁作他人婦，洗手作羹湯，平淡度日。

人生難免有挫折，而且隨著社會的發展，競爭越來越激烈，面臨的困難也越來越多。

利用挫折鍛鍊意志力

空氣對老鷹的翅膀形成阻力，但若沒有空氣，老鷹就無法飛行。挫折是生活中的一部分，追求沒有煩惱或挫折的生活，根本就是一種幻想，只是徒耗生命而已。遭遇挫折時，要勇敢面對，積極尋找解決的辦法。再者，已經解決的問題就要從記憶中拔除，不要一直記掛著。痛苦的感受猶如泥濘的沼澤地，越是不盡快脫身，就可能會陷得越深。

大部分的人都會在意他人的眼光，但無論是比你強或比你弱的人，同樣會遇到困難，同樣會感到悲痛，所以我們不必自慚形穢。奮鬥是一個延續的過程，暫時的挫折不是最終的結局。世界上絕對沒有過不了的難關，許多看似無法抗拒的不幸，只要不鑽牛角尖，還是能夠掙脫。

遇到挫折時，不要怨天尤人、滿腹牢騷，而要心平氣和地看待它。推卸責任，不但無助於解決問題，反而會使情況變得更糟，甚至無法擺脫困境。「磨難是人生的另一個太陽。」經歷越多磨難，意志力會越堅強。就像燒紅的鋼刀在冷水裡反覆浸泡，久而久之，就會鍛鍊出一把鋒利的寶刀。

有些人在經歷過一次挫折後，就對自己失去信心。要解脫自我否定的心理，不妨經常在頭腦中輸入一些積極信息。自我激勵的作用是影響自己的潛意識，有時會得到意想不到的效果。例如大聲讀出一些名言佳句、勵志文章，或者經常告訴自己「我很棒」、「我一定能成功」等的話。將自己想像成一位勝利者，並描繪勝利的情景，也能有效消除挫折感。

敞開心胸更上層樓

許多領域的成功人士多半認為，害怕失敗而放棄嘗試的機會，就不可能進步。沒有勇敢嘗試，就無從得知事物的深刻內涵，各種嘗試的體驗會成為未來發展的基石。觀察事業成功者的奮鬥歷程，就會發現他們大都「不安於現狀」，而且積極進取。我們應該不斷挑戰新事物，明天爬的山永遠比今天爬的山高。實踐能夠增加勇氣，畫地自限的人容易心虛、缺乏自信，碰到重大事件就裹足不前。不斷嘗試，是增加勇氣的捷徑。

有些人總是把自己關在與外界隔絕的象牙塔中，孤芳自賞。這種人不願與外界來往，畏首畏尾，思想保守，經常以消極的態度應付外界。事實上，只要勇敢走出象牙塔，就會發現原來世界是如此多彩多姿、趣味無窮。建議多借鑒別人的經驗。汲取成功者的經驗，能夠縮短掌握真知的過程，比靠自己摸索有效率。

培養堅強的自信心

信心是一種堅強的內在力量，它可以協助你度過最艱難困苦的時期，直到曙光出現。進行訓練，有助於增強自信心。例如多數人參加聚會時，喜歡搶後面的座位，因為這些人都不希望自己太「顯眼」。他們之所以怕受人注目的原因就在於缺乏自信。切記，有關成功的一切都是顯眼的。如果要成功，就要坐到最前面。在會議中多發言，能夠增加信心，同時可以克服下次再度發言的心理障礙。主動發言是展現信心的表現。

在日常生活中，微笑是一種習慣，若沒有養成這種習慣，怎麼看都不自然。只要習慣，心態自然而然會產生變化。不敢正視別人通常意味著自卑，正視別人等於告訴對方：我和你是平等的，我有能力做任何事，你不一定比我強。直視別人的眼睛，能夠增加自信，還能為你贏得別人的信任。堅定地抬頭挺胸吧！你會感受到自信心正在增長。

22 突破瓶頸，從「新」出發

青峰在某私人企業工作，最初他雄心勃勃、幹勁十足，很快就當上主任。這時，他的熱情開始消退，對每天按部就班的工作感到厭煩。他很想爬上經理的位置，但自身條件遠遠不足。因此，他感到很苦惱，猶豫著是否該另覓其他工作。

當你遇到瓶頸而進退維谷時，應該怎麼辦呢？

一味地等待上司或命運為你創造機會，太過消極。你應該確立一個更具挑戰性、更遠大的目標，為自己找一個努力的理由。雖然目標不可能立刻實現，卻能使它提前。換工作是很大的賭注。不過，對喜歡冒險的人來說，也許是最好的選擇。換工作意味著可能必須從頭開始，當然也表示你將學到新的經驗。這是未來承擔重任的籌碼，其間的風險則是應該支付的「學費」。

進退兩難而又無法改變工作的人，必須以自己的方式來發揮知識和技能。其中一個有效的方法，就是做年輕同事們的良師益友，不但能加強溝通能力，更可以經營人脈。為人師亦為人徒，學習有助於提高工作的技能，甚至可以啟發新的興趣而接觸新的工作領域。當然，也可以為學習而學習。在激烈的工作競爭中，只有主動學習、能夠適應環境及有先見之明的人，才能把握機會。

此外，工作之外不能忽略私人的時間。工作的壓力往往讓我們沒什麼時間陪伴配偶、子女、朋友，尤其是自己。獨處的時間很重要。適時的釋放壓力，有助於保持充沛的創造力。

23 解開挫折的束縛，積極擁抱人生

柏毅原本是一個好學上進的青年，最近卻變得意志消沉，因為他被公司炒魷魚又失戀。於是，他沉迷於喝酒、賭博，結果使得原本就不寬裕的生活更是捉襟見肘。幸虧在朋友的開導下，他重新振作，擺脫了以前的頹廢。

生活中並不只有歡笑，不如意的事也經常發生，但挫折並非一無是處，它能使我們注意不幸的起因，同時教我們正視自己的弱點，跳脫絕望的深淵。那麼，我們應該如何面對各種接踵而至的困境呢？

看待事物的光明面

奮鬥得到的結果與期望相反時，很容易讓人產生惰性。懶散的人普遍具有以下幾種心態：一種是自己懶惰，凡事依賴他人；一種是抱僥倖心理，想不勞而獲；另一種則是得過且過，總是用「船到橋頭自然直」為自己的惰性找藉口。

懶散的人不思進取，態度消極，小事不願做，大事做不來，結果當然是一事無成，更談不上成大器、立大業。切記，行動雖未必能帶來好結果，但不做絕對不可能成功。盡快擺脫懶惰的糾纏吧！

困難是惰性之源，其解決方法是：

1、不逃避問題：視而不見，希望困難自動消失的做法是不可能的。遇到瓶頸時，應該激起內在的防禦力量，衡量困難的大小，對它進行分析。這時，你會發現問題不如表面看起來棘手。當你著手行動，可能會產生意外的靈感和意想不到的機遇。

2、尋求幫助：好強不是一種好習慣，能力再強的人也無法獨自解決所有的問題。有人覺得遇到困難尋求協助是沒面子的事，千方百計地加以掩蓋；有人說：「這是我個人的問題，我自己可以處理。」這兩種態度都是錯誤的。正確的做法是盡量尋求幫助，即使被人拒絕也不要氣餒。

正視煩惱

產生煩惱的原因主要有以下幾種：1、在現實生活中，個人的慾望和需求得不到滿足，即理想與現實發生衝突；2、人際關係差，容易與人發生爭執；3、在工作中遭遇瓶頸；4、學業成績不理想；5、在生活中遇到各種不如意的事。

煩惱是一種心理活動，而且會反過來對心理產生嚴重的影響。

首先是影響人的正常思維，約束思想的深度和廣度。一旦煩惱纏身，就會變得千頭萬緒，無法冷靜思考，甚至開始鑽牛角尖。當然，還會影響多數人對事物的正確認識，注意力全放在遇到的挫折上，結果產生各種偏見。

其次是影響心理健康，包括損害身體健康。根據研究資料顯示，負面情緒造成的壓力越大，身體消耗的能量就越多，再加上煩惱會影響食慾，導致能量補給不足，形成惡性循環。身體衰弱，免疫力降低，就會誘發各種疾病。再者，煩惱會打擊人的信心，讓人意志消沉，生活缺乏生氣，最後對人生感到絕望，失去向前走的勇氣。

消除煩惱的有效途徑是，融入人群中，多跟想法積極的人來往。或者是投作工作，利用工作的成就來補償心理的不平衡。切記，不要跟別人比較，因為痛苦往往是比較產生。

控制生活壓力

生活充斥著不如意的事，例如匆匆趕赴重要約會時，卻遇上塞車；朋友來訪時，抽水馬桶卻壞了；渴望休息時，鄰居養的狗卻吠個不停。即使遇到這麼多瑣碎而令人心煩的事，也不應讓它們成為生活中的壓力，否則你將被壓得喘不過氣來。其實，事情本身不一定就是壓力，而是我們處理不當造成了緊張。否則，生活中也發生了那麼多值得高興的事，為什麼不能讓你開心呢？

消除壓力的真正關鍵是控制能力，建議以積極的心態看待問題。例如因塞車而無法如時趕赴女友的約會時，你應該高興，因為正好可以試驗她對你的感情。如果一點小事都不能原諒你，你應該慶幸及時看清她的為人。鄰居的狗吵得你難以入睡時，正好可以訓練你的定力，如果在吵鬧的環境中都能睡著，那麼以後在任何情況都能入睡。許多成功者的「臨危不亂」或「不動如山」，其實都是在沈重的壓力下培養出來的。

24 孤獨能帶來寧靜，也能扼殺熱情

走入人群，擺脫孤獨吧

秀慈是一個美麗、好學的女孩。剛到台北時，沒有親人、朋友，再加上住在郊區，與別人來往諸多不便，頓時陷入孤獨寂寞之中。雖然公司有幾位男同事主動接近她，她卻害怕上當受騙。不久，還是耐不住難熬的寂寞，終於帶著遺憾回家鄉。

擺脫孤獨最有效的方法是走進人群，試著吸引別人到你的身邊。那麼，遇到這種情況時，該從何處著手呢？

首先，要真誠待人。

安慰哭泣的小孩、幫助迷路的人、在客滿的公車上讓座，或是慰問心情不佳的同事……這雖然些是微不足道的關懷，卻能讓對方感受到自己的善意，有助於鼓舞對方親近自己。對別人親切，就是擺脫孤獨的第一步。

許多年輕女性誤把害羞、內向當成有教養，而刻意保持沈默。這樣，反而會使別人以為她們不願與自己來往，自然不會去主動接近她們。敞開心胸，擁抱人群，生活將會徹底改觀。我們不必急著隱藏自己的缺點，曝露缺點並不可恥，可能還會因此建立起良好的人際關係。在一個團體中畏首畏尾，是孤獨的根源。

學歷高的人在別人面前通常會有一種優越感，認為自己與「粗人」等級不同，難有共同語言。事實上，只要拋開這種成見，積極融入他們，就會發現對方的層次並不如想像的低。

其次是要學習分享快樂。

有的人經常滿腹牢騷，怨天尤人。這種人很難交到知心朋友。整天把「我」掛在嘴邊的人，容易讓人反感，這種行為就像在強迫性的自我推銷，反而會將自己推入孤獨的深淵。

不要經常有競爭的心理，合作是最有力的競爭，如果人人都願與你合作，哪怕只是給你一點點幫助，你也是最頂尖的人。同樣地，你也可以將自己擁有的資訊提供給有需要的人，這是一種表達善意的方法。久而久之，別人自然會樂意與你分享快樂。

有的人經常在因為寂寞而想找朋友聊天時，才發現忘了某些人的名字。每個人的朋友都很多，但當你試著去擬一份友人名單時會很驚訝地發現，真正能正確記得的姓名竟然如此稀少。世上最美妙的聲音，莫過於別人呼喚自己的名字。公司中與自己毫不相關的同事或不同階層的人叫出自己姓名時，都會讓人感動莫名。因此，希望別人記住自己的名字之前，應該先熟記別人的名字。

25

失敗為成功之母

建明原本是一家大企業的主管，薪水高、事業心強，認為與其為別人賣命，不如自己創業，於是，自立門戶當老闆。然而，闖盪一番後，公司還是倒閉。建明這次認真地檢討失敗的原因，得到許多新的體悟。後來他，重新聚積力量，捲土重來。這次他謹慎行事，凡事有條不紊，使得公司很快穩定成長。

細心檢討失敗的原因很重要。務求正視失敗，避免重蹈覆轍。許多事業上遭遇重大挫折而屹立不搖的人，就是善於從失敗中汲取成功的經驗。失敗的原因大致有下列幾種原因。

坐對位置

俗話說：「男怕入錯行，女怕嫁錯郎。」失敗有時不是能力不足，而是沒有找到讓你充分發揮能力的場所。

美國某位成功的電影製片人，先後被三家公司革職。他建議拍攝的《埃及艷后》，票房奇差，被公司裁員。在紐約，他擔任某文庫編輯部的副總編，但是董事會卻另外延聘了一個外行人，二人衝突不斷，於是他又被開除。回到加州，他進入福斯公司，不過，股東們不喜歡他所建議拍攝的幾部影片，結果他又遭到革職。

他開始仔細檢討自己的工作態度。他一向直言而愛冒險，喜歡憑直覺做事。他厭惡委員會統籌管理的方式，更不喜歡這種企業習性。歸納出失敗的原因之後，他自立門戶，成功拍攝了多部膾炙人口等電影。事實上，他不是一位失敗的公司行政人員，而是天生的企業家，只是過去沒有讓他發揮潛力的舞台罷了。

全力以赴

很多人只投注一半心力在工作上，成就當然就遠不如能力不如他們卻比他們勤奮的人。「勤能補拙」是很簡單的道理。某位屢逢失敗的人，曾請教某位成功的企業家：「為什麼我無法賺大錢？」結果，對方回答：「如果你每天像我一樣熬出黑眼圈，你就能賺錢了。」

選擇一個適合自己的明確目標，釐清事情的輕重緩急，組織出對於這個目標有益的行動，這些都是成功之道。有些人做的事情很多，卻都是半調子。某位房地產商人，居然不知道自己到底擁有多少筆土地。他不斷地增加交易量，不斷地擴充業務範圍。他說：「真的很刺激，我想要挑戰自己的極限。」不久，銀行發函通知，表示他擴張過度，風險太大，準備停止授權信貸。

最初他，怨天尤人，埋怨銀行、經濟環境、職員。最後他冷靜思考，不得不承認：「我沒有量力而為，欲速則不達。」於是，他重新訂定目標，從事他最拿手的生意——發展房地產。數年之後，他終於成為一名行事有度、有分寸的成功的商人。

掌握發球權

世事無法盡如人意。例如遇到人事大地震，新上任的主管想要聘用自己的班底，迫使你離職，那麼你該怎麼辦呢？事情既然發生了，千萬不要自怨自艾。切記，任何時候你都有選擇的權利。隨時可能會出現機緣、巧合，也許冥冥之中有更適合你的安排。即使會打亂你當初的生涯規畫，也要記住自己永遠有選擇的餘地，不要任人擺佈。

每個人的經濟狀況通常取決於其能力。上一輩的財產可以繼承獲得，這點我們無法控制，但是自己的能力——可以在市場上推銷自己的技能——則可以憑藉自己的努力學得。社會上的失敗者，多半不了解這個道理。他們滿足於現有的能力，而不設法增強。他們甚至無法正確判斷事情的輕重緩急。

時間是固定的，不會因為事情的輕重而有增減。然而，事業失敗的人卻始終不懂做事要分輕重緩急的這個顛撲不破的真理。事實上，放棄相對而言不重要的事情，而把精力運用於重要事情上，不是一種損失，相反地，是一筆很划得來的買賣。

26 越挫越勇，扭轉奇蹟

嘉興想跟一位大客戶合作，多次拜訪都遭到回絕，對方認為嘉興的公司小，不值得信任。許多人都勸嘉興放棄，但他卻不肯罷手，一次又一次地登門造訪。最後，他的誠意終於感動對方，跟嘉興簽了一筆可觀的訂單，兩人還結成了莫逆之交。

成功永遠是少數人的事，因為只有少數人才有克服困難的能力。他們到底是怎麼做到的呢？

抱持必勝的決心

人是環境的動物，性格並非天生如此，而是由出生後的環境決定的。無論遭遇什麼困難，始終認為自己一定要成功的人最後一定會成功。遇到挫折就想逃避，是一般人的通病。很多人認為自己做不到的事，也不太可能被要求做到。例如你不可能三天之內造出一架太空梭，也不會有人這樣要求你。問題一定是你能夠解決的。事實上，失敗與成功只是一線之隔。愛迪生曾說：「失敗為成功之母。」只要擁有向上的決心，必定能在失敗中尋獲成功的鑰匙。中途就灰心喪志，永遠嘗不到成功的果實。

堅忍不拔，就會看到曙光的來臨。獲得成功的人，往往具有無比的耐心。他們能夠不厭其煩地努力。磨練越嚴苛，所得到的收穫也越大。因此，凡事務求持之以恆，堅忍到最後一刻。

挫折激發潛能

看待事物的光明面，能夠增加勇氣。某位年輕人暢談自己的成功經驗時，說道：「我在一家資訊公司工作，待遇普通，就我的資歷而言，還算可以接受。當時，公司營運狀況欠佳，不得不裁員。當我接到資遣的人事通知時，簡直是萬念俱灰。後來，因禍得福。我本來就不喜歡這個工作，若不離職，未來很難有所發展。失去工作，正是找到另一個真正喜歡的工作的好機會。不久，我果然找到一個更稱心的工作，薪資也比以前好。因此，我發現被資遣反而是好事。」

你所見的其實是你認為如此的事物，請處處往「好」的方面想吧！這樣就能順利克服失敗的打擊。如果真能培養出觀察入微的眼光，自然能夠看到事情往好的方向發展。

危急時，人們通常會產生意想不到的力量，不服輸的熱情能夠幫助你擺脫困境。在普通人眼中，這種鬥志就像奇蹟；從潛能的角度來說，這就不算是奇蹟，而是必然。原本被認為一事無成的人，突然做了一件令人激賞的事，就是這個緣故。無論遇到什麼樣的難關，只要有熱情和慾望，絕對都可以突破。

　　人生就是如此，能夠飛黃騰達的機會很多，而這些機會多半隱藏於身處逆境時。逆境中產生的鬥志和熱情，會衍生出無比的力量，帶來意想不到的結果。

27 不與小人正面交鋒

阿剛性格開朗，聰明能幹，極受老闆賞識。同事小劉經常主動親近阿剛，兩人成為無話不談的好朋友。後來，阿剛發現老闆對自己越來越冷淡，大惑不解。後來才知道，原來是小劉將他平日批評老闆的話加油添醋地向老闆打小報告。

某些心胸狹隘、小心眼的人，平日無所事事，喜歡打聽別人的隱私，無端造謠生氣，唯恐天下不亂。這些人對團體的凝聚力是極大的威脅，若不加以制止，容易造成團體分裂。那麼，我們應該如何識別這些人呢？

小人的心理

小人普遍有投機取巧的心理，喜歡製造混亂，一有風吹草動就興奮不已。具體表現如下：

1、獵奇心理：小人喜歡空穴來風、言過其實的消息，像一個不辨真偽的「收藏家」，對任何八卦都有興趣，來者不拒。

2：求證心理。這種人對人對事總是疑神疑鬼，希望自己的想法能得到證實，一旦聽到相關的傳言就以假為真。

3、趨同心理：喜歡追求流行，不是害怕風險，就是不願表現自己的特殊個性，以免「誰出頭誰倒楣」。由此而形成一種惰性：大多數人相信的，我也應當相信。我應該和別人一樣，何必眾人皆醉我獨醒？

小人的愛好

1、喜歡聳人聽聞的消息：例如某某電影明星神秘之死、某某名人結了幾次婚、飛機失事摔死多少人、火車爆炸造成停駛多久時間、幾個犯人持槍潛逃何地、現在流行什麼等。

2、喜歡各種桃色新聞：特別關注周遭人出現的桃色緋聞。

3、喜歡與切身利益相關的小道傳聞：某位女士在公車上看到幾個人聚在一起，低聲嘀咕。她覺得這些人神情曖昧，於是豎耳聆聽：「她老公……和……逛公園……」又覺得說話的人似乎在看她，好像在談論自己的丈夫。結果，聯想到自己丈夫平時的舉動，回家後就尋釁與丈夫吵架。第二天暗中盯梢，最後夫妻反目，分道揚鑣。

小人的特徵

1、喜歡造謠生事：他們的造謠生事都有目的，並不是以造謠生事為樂。

2、喜歡挑撥離間：為了某種目的，他們可以用離間法，挑撥同事間的感情，製造他們的不合，從中謀利。

3、喜歡奉承：這種人雖不一定是小人，但很容易因為受上司寵信，而在上司面前說別人的是非。

4、喜歡陽奉陰違：這種行為代表他們的行事風格，待你也可能表裡不一。

5、喜歡狐假虎威：誰得勢就依附誰，誰失勢就拋棄誰。

6、喜歡損人利己：他們習慣踩在別人的頭上前進，也就是利用別人為其開路，他們不在乎別人的犧牲。

7、喜歡落井下石：如果有人跌倒，他們會追上來再補一腳。

8、喜歡找替死鬼：明明自己有錯卻死不承認，硬要找個人來頂罪。

28 善意的謊言是人際關係的潤滑劑

曉敏是一個誠實善良的女孩，一向以心直口快、熱情開朗而深受同學們的喜愛。進入社會開始工作後，許多人卻不喜歡她，因為她從不說謊，也痛恨說謊的人，而她周圍卻沒有不說謊的人。結果，她與周遭人的關係十分緊張。有人好心勸告：「說謊不好，但生活中又不能沒有謊言，你不要太天真了！」曉敏感到愕然不解：謊言有好的嗎？

如果生活裡完全沒有謊言存在，那麼社會將無法維持和諧，因為社會生活和個人生活必須依靠一些無傷大雅的謊話來保持平衡。

謊言分為可以原諒的和不可原諒兩種，而社會就是由可以原諒的謊言來維持平衡的。禮貌上的客套話是社會上一般公認的一種謊言，我們只要把它當成人際關係的潤滑油就好，不必深入去探索這些話的意義。為了鼓勵或安慰別人所說的謊言，沒有人會非議。例如不在癌症患者面前談論他的病情。另外，有一種「幻想的謊言」。有些人整天陶醉在自己的夢幻世界裡，自己欺騙自己。這種「幻想的謊言」，如果不嚴重或不過分，其實無傷大雅。

總之，對他人無害的謊言是可以原諒的，不能原諒的是那種以損害他人獲取利益的謊言。那麼，如何識別惡意的謊言呢？

擊中對方心理弱點

沒有人願意承認自己說謊，除非他願意向你敞開心扉。所以，要設法解除他心裡的武裝。下列有幾種做法提供參考。

1、讓對方有安全感：如果對方是為了保護自己而說謊，我們可以告訴他：「說實話沒關係，不會有人責備你。」讓他認為自己的處境很安全，才能毫無顧忌地坦誠以告。要使對方有安全感，首先必須使他對你產生信賴，產生信賴之後，他才會對你吐出真言。或是讓對方產生優越感，讓他在得意忘形之際，無意中露出馬腳。這種方法最適合用來對付傲慢的人。

2、追根究底：這種方法和前面所說的方法完全相反。徹底去追究事情的真相，有時也能解除對方的心防。有的人只有在被逼得無法再為自己辯解的時候，才會解除武裝、說出實話。

3、攻其不備：無論是多麼高明的說謊者，遇到突如其來的詢問，也會驚惶失措，不得不投降。某位資深律師曾經說過：「在訊問一個關鍵性的問題時，不要立刻審問證人，而要等他回到證人席後，再突然重新詢問，這是最有效的方法。」因為我們乘虛而入，對方沒有防備，自然就會放下武器投降了。

讓對方反覆回答同一個問題

謊言通常只能完整地說一次，不斷地重複時，或多或少會露出馬腳。這種情況在日常生活中很常見，例如同事打電話來說：「對不起，我家有客人，麻煩你幫我向主管請個假，謝謝。」幾天後，有人突然問他：「前幾天你為什麼要請假呢？」這時他可能說：「因為孩子得了急病！」這種人一定不是為了正當的理由而請假，或許他在外面兼差或做了某些不可告人的事，才會出現前後矛盾的說詞。有一位非常謹慎的人，每次說謊後，都會把它記在備忘錄裡，避免露出破綻。這個人一定活得很辛苦。因為當你說了一個謊，往往需要用一百個謊來掩飾。

要讓對方說實話，最有效的手法就是提出有效的證據，尤其是物證。不管對方如何狡辯，只要我們有確鑿的證據，他就不得不俯首承認。

以上所說的方法，到底哪一種比較好呢？這要看對方的情況而定。有時不能只用一種方法，必須綜合運用多種方法才能收到效果。

29

忍，是理性的昇華

武則天年輕時只是唐太宗李世民眾多姬妾的一個，地位低微。在一個偶然的機會中，她遇到太子李治。武則天利用美貌迷住年輕的太子。唐太宗駕崩後，多數姬妾被迫出家為尼，武則天也在皇宮附近的感業寺出家。

某天，皇帝李治到感業寺上香，武則天巧施手段，得到李治的寵愛。這時的後宮中，皇宮正與蕭妃爭寵。皇后想借用武則天的力量對付蕭妃，幸運的武則天藉此機會回到久別的皇宮。入宮不久，武則天就消滅皇后和蕭妃的勢力，登上后座。

然而，在爭取皇位的鬥爭中，她展現無比的耐心。即使權傾朝野，帝位唾手可得，她還是選擇等待時機。為了這個皇位，她等了二十八年。當她坐上皇帝寶座時，已經是一位六十七歲的老太婆了。她沒有因一時衝動而誤事，其過人之處，非一般人所及。在那個男權至上的時代，未待時機成熟就下手，她早就招來殺身之禍。讓人不得不佩服她的智慧和耐心。

中國傳統文化一向注重自我修養，尤其是「自察、自省與忍讓」。《忍經》和《動忍百箴》歸根究柢就是一個「忍」字。忍是人生的最高境界。唯有不受情緒和慾望的支配，才能對事物做出客觀的評價和正確的判斷。受辱則怒，見利就沾，見色便迷，如何能成大事？

忍，為了成就大事

成敗僅在一念之間，忍是關鍵。劉邦被楚軍困在滎陽時，韓信寫信到劉邦帳下。他以為一定是韓信發兵救援的消息，不料打開信一看，卻是韓信要求劉邦給他一個「假齊王」的封號。劉邦氣得大罵：「我被困在這裡，日夜盼望援兵，你非但不來，還要自立為王。」這時，一旁的張良立刻對他耳語道：「如今你正面臨困境，怎能禁止韓信稱王？既然無法禁止，不如順勢封他為齊王，讓他好好守住齊地，避免他反叛。」劉邦聽完，立刻收起怒氣，改口：「大丈夫興兵平定諸侯各國，要做就做真王，為什麼要做假王呢？」於是封韓信為齊王，派張良持詔書前往，並調韓信的兵來支援，結果扭轉形勢。

如果張良不及時提醒劉邦忍一時之氣，劉邦恐怕成不了大事了。

忍，要有深謀遠慮

張耳和陳餘都是魏國的名士。秦滅了魏，就重金懸賞購買兩人的頭顱。兩人隱姓埋名潛逃陳國，靠卑微的工作維生。

某天，陳餘犯錯，受到一個官吏的鞭打，陳餘怒不可遏想反抗，結果張耳制止他，要他忍耐。等到官吏離開，張耳立刻將陳餘拉到四下無人處，生氣地說道：「當初我是怎麼跟你說的？今天受到一點小小的侮辱，就為此付出生命，值得嗎？」後來，張耳輔佐劉邦成為開國功臣，陳餘則輔佐趙王歇，最後被韓信、張耳所斬。

人的成功是性格的成功，失敗也是性格的失敗。兩個出身相同的人，結局卻大相逕庭。

忍，是一種磨練

孟子說：「天將降大任於斯人也，必先苦其心志，勞其筋骨，餓其體膚，空乏其身，行必佛亂其所為，增益其所不能也。」

想要成功立業，須經磨難，鍛鍊出堅韌剛毅、百折不撓的性格，然後才能成就大事。人生沒有永遠的康莊大道，遲早會遇到挫折。如果沒有足夠的磨練，就不能取得成功。

許多半途而廢的人，往往是個性不夠強韌、不能咬緊關走完最後幾步。人生有如一場田徑賽，開始的差距不代表最後的結果，只有突破生理極限，才能獲勝。任何事都是易學難精，當進階到某個層次之後，很難再往前。這實際上是進入極限狀態，只要努力撐過去，一定能夠到達新的境界。

忍，要能屈能伸

常言道：「大丈夫要能屈能伸。」「能屈」，就是在條件未成熟時能忍耐，能忍受屈辱；「能伸」是指萬事俱備時，能挺直腰桿，進行反攻。在勢單力薄、無法對抗的情況下，忍耐有時是唯一的保全之策。忍耐不僅是一種避禍的手段，還是一種蓄積力量的過程。

世上沒有絕路。有的工地會豎立「此路不通，請改道」的警告牌，這代表通往目的地的路不只一條。我們要學會路不轉人轉的道理。

忍的道路崎嶇坎坷，只要最後能看到光明，多繞幾條路又何妨呢？吃得苦中苦，方為人上人。不必羨慕別人的勝利，因為勝利的背後必定充斥荊棘。過程越曲折，成功越有價值。成功的道路相當漫長，能笑到最後的人才是真正的勝利者。

忍，是一種等待

學會忍耐，等待機會。能做到這點，就能獲得成功。

秦末，張良刺殺秦始皇失敗後，隱匿於下邳。某天，張良來到沂水汜（橋）上散步。有位身著短袍的老翁鞋子掉到橋下，他對張良說：「小子，下去把鞋撿上來。」張良錯愕，但出於敬老之念，只好下去撿鞋。老翁又要求張良幫自己穿鞋。張良依言照做。老翁卻連一個「謝」字都沒說，仰面長笑而去。不久，又折返回來，讚道：「孺子可教也。」並約張良五天後的凌晨在橋頭見面。五天後，張良按時赴約，不料老翁已在橋頭等候，並斥責道：「為什麼遲到？五天後再來。」這次，張良雞鳴前就抵達，沒想到還是晚老翁一步。第三次，張良半夜就來到橋頭，終於及時見到老翁。老翁送張良一本書，書名是《太公兵法》。

張良日夜誦讀，刻苦鑽研，終於成為一個精通韜略、文武兼備的謀士。

忍，是一種人格力量

能忍者當忍百則，即忍言、忍氣、忍色、忍酒、忍聲、忍食、忍權、忍勢、忍貪、忍賤、忍寵、忍辱……能忍者，不是出於無奈，而是把忍昇華到一種理性高度，從而獲得一種人格的力量。

圯上老人贈張良兵書，就是看中他有一種理性的隱忍，否則即使授他兵書也無用。很多人都讀過兵書，多半不是沒有讀懂，而是因為情緒容易動搖，所以無法按照兵法執行，更別說冒險變通了。

●度小月系列

路邊攤賺大錢 1【搶錢篇】	280元	路邊攤賺大錢 2【奇蹟篇】	280元
路邊攤賺大錢 3【致富篇】	280元	路邊攤賺大錢 4【飾品配件篇】	280元
路邊攤賺大錢 5【清涼美食篇】	280元	路邊攤賺大錢 6【異國美食篇】	280元
路邊攤賺大錢 7【元氣早餐篇】	280元	路邊攤賺大錢 8【養生進補篇】	280元
路邊攤賺大錢 9【加盟篇】	280元	路邊攤賺大錢10【中部搶錢篇】	280元
路邊攤賺大錢11【賺翻篇】	280元		

●DIY 系列

路邊攤美食DIY	220元	嚴選台灣小吃DIY	220元
路邊攤超人氣小吃DIY	220元	路邊攤紅不讓美食DIY	220元
路邊攤流行冰品DIY	220元		

●流行瘋系列

跟著偶像FUN韓假	260元	女人百分百一男人心中的最愛	180元
哈利波特魔法學院	160元	韓式愛美大作戰	240元
下一個偶像就是你	80元	芙蓉美人泡澡術	220元

●生活大師系列

魅力野溪溫泉大發見	260元	寵愛你的肌膚 ：從手工香皂開始	260元
遠離過敏：打造健康的居家環境	280元	這樣泡澡最健康一紓壓、排毒、瘦身三部曲	220元
台灣珍奇廟一發財開運祈福路	280元	兩岸用語快譯通	220元
舞動燭光一手工蠟燭的綺麗世界	280元	空間也需要好味道－打造天然香氛的68個妙招	260元
雞尾酒的微醺世界－調出你的私房Lounge Bar風情	250元	野外泡湯趣一魅力野溪溫泉大發見	260元

●寵物當家系列

Smart養狗寶典	380元	Smart養貓寶典	380元
貓咪玩具魔法DIY：讓牠快樂起舞的55種方法	220元	愛犬造型魔法書：讓你的寶貝漂亮一下	260元
寶貝漂亮在你家一寵物流行精品DIY	220元	我的陽光・我的寶貝一寵物真情物語	220元

我家有隻麝香豬—養豬完全攻略	220元		

●人物誌系列

現代灰姑娘	199元	黛安娜傳	360元
船上的365天	360元	優雅與狂野—威廉王子	260元
走出城堡的王子	160元	殤逝的英格蘭玫瑰	260元
貝克漢與維多利亞—新皇族的真實人生	280元	幸運的孩子—布希王朝的真實故事	250元
瑪丹娜—流行天后的真實畫像	280元	紅塵歲月—三毛的生命戀歌	250元
風華再現—金庸傳	260元	俠骨柔情—古龍的今生今世	250元
她從海上來—張愛玲情愛傳奇	250元	從間諜到總統—普丁傳奇	250元
脫下斗篷的哈利—丹尼爾·雷德克里夫	220元		

●心靈特區系列

每一片刻都是重生	220元	給人腦洗個澡	220元
成功方與圓—改變一生的處世智慧	220元	轉個彎路更寬	199元
課本上學不到的33條人生經驗	149元	絕對管用的38條職場致勝法則	149元
從窮人進化到富人的29條處事智慧	149元		

●SUCCESS系列

七大狂銷戰略	220元	打造一整年的好業績—店面經營的72堂課	200元
超級記憶術—改變一生的學習方式	199元	管理的鋼盔—商戰存活與突圍的25個必勝錦囊	200元
搞什麼行銷	220元	精明人聰明人明白人—態度決定你的成敗	200元
人脈=錢脈—改變一生的人際關係經營術	180元	週一清晨的領導課	160元
搶救貧窮大作戰的48條絕對法則	220元	搜精·搜驚·搜金—從Google的致富傳奇中，你學到了什麼？	199元

●都會健康館系列

秋養生—二十四節氣養生經	220元	春養生—二十四節氣養生經	220元
夏養生—二十四節氣養生經	220元		

●CHOICE系列

入侵鹿耳門	280元	蒲公英與我—聽我說說畫	220元
入侵鹿耳門（新版）	199元		

●FORTH系列

印度流浪記—滌盡塵俗的心之旅	220元	胡同面孔—古都北京的人文旅行地圖	280元
尋訪失落的香格里拉	240元		

●禮物書系列

印象花園 梵谷	160元	印象花園 莫內	160元
印象花園 高更	160元	印象花園 竇加	160元
印象花園 雷諾瓦	160元	印象花園 大衛	160元
印象花園 畢卡索	160元	印象花園 達文西	160元
印象花園 米開朗基羅	160元	印象花園 拉斐爾	160元
印象花園 林布蘭特	160元	印象花園 米勒	160元
絮語說相思 情有獨鍾	200元		

●工商管理系列

二十一世紀新工作浪潮	200元	化危機為轉機	200元
美術工作者設計生涯轉轉彎	200元	攝影工作者快門生涯轉轉彎	200元
企劃工作者動腦生涯轉轉彎	220元	電腦工作者滑鼠生涯轉轉彎	200元
打開視窗說亮話	200元	文字工作者撰錢生活轉轉彎	220元
挑戰極限	320元	30分鐘行動管理百科（九本盒裝套書）	799元
30分鐘教你自我腦內革命	110元	30分鐘教你樹立優質形象	110元
30分鐘教你錢多事少離家近	110元	30分鐘教你創造自我價值	110元
30分鐘教你Smart解決難題	110元	30分鐘教你如何激勵部屬	110元
30分鐘教你掌握優勢談判	110元	30分鐘教你如何快速致富	110元

30分鐘教你提昇溝通技巧	110元		

●精緻生活系列

女人窺心事	120元	另類費洛蒙	180元
花落	180元		

●CITY MALL系列

別懷疑！我就是馬克大夫	200元	愛情詭話	170元
唉呀！真尷尬	200元		

●親子教養系列

孩童完全自救寶盒（五書+五卡+四卷錄影帶）	3,490元（特價2,490元）
孩童完全自救手冊-這時候你該怎麼辦（合訂本）	299元
我家小孩愛看書—Happy學習easy go！	220元

●新觀念美語

NEC新觀念美語教室	12,450元（八本書+48卷卡帶）

您可以採用下列簡便的訂購方式：

◎請向全國鄰近之各大書局或上大都會文化網站www.metrobook.com.tw選購。

◎劃撥訂購：請直接至郵局劃撥付款。

帳號：14050529

戶名：大都會文化事業有限公司

（請於劃撥單背面通訊欄註明欲購書名及數量）

脫下斗篷的哈利—丹尼爾·雷德克里夫

作　　者：鍾淼淼

出　　版：大都會文化

定　　價：220元

魔杖、飛天掃帚，加上不畏邪惡的赤誠勇氣，哈利波特的魔法橫掃世界！

純真、和藹可親，搭上舉手投足的丰采自信，丹尼爾的魅力風靡麻瓜迷！

【書籍簡介】

以笑容和魔法擄獲人心，丹尼爾·雷德克里夫受歡迎，絕對不是偶然。

自小培養良好的生活習慣和處世禮儀，魔杖輕揮，你也可以是眾所矚目的明日之星。

本書記錄、蒐羅丹尼爾的生活趣聞和媒體刊載的新聞報導。親情、友情和繽紛的童年，讓丹尼爾的成長不但多采多姿，更相當具戲劇性。當然，他的成功不單單只是幸運，「要怎麼收穫，就要怎麼栽」，從小紳士般的禮儀和素養，奠定了他開朗可親的形象，而哈利波特角色的成功，更證明他無邪純真的魅力難擋。無論你信不信魔法、是不是麻瓜，翻閱丹尼爾成長的趣聞，斗篷下的哈利生活一目瞭然。

搜精・搜驚・搜金—從Google的致富傳奇中，你學到了什麼？

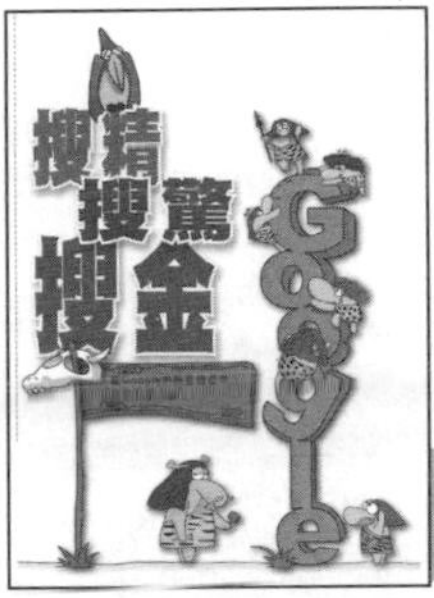

作　　者：楊立宇
出　　版：大都會文化
定　　價：260元
售　　價：199元

100萬美元創業　800億美元市值
七年間成長八千倍，相當於台灣1/3外匯存底的市值，Google的贏利經驗，非得一探究竟

【書籍簡介】

「你今天Google了嗎？」身為網際網路忠實使用者的你，可以不懂電腦程式、可以不會設計網頁，但說到上網搜尋資料，你可是得心應手。在網際網路和搜尋功能尚未普及的原始世界裡，到底是何種獨具慧眼的人士，能夠搶先嗅出遍地黃金的制勝立基？

本書不是教你如何搜尋、如何利用網路賺大錢，而是一個厚積薄發、築夢踏實的創業典範。當泡沫經濟衝擊網路世界後，Google能脫穎而出，著實給那些只把眼睛盯在短期效益上的經營者，上了生動的一課。

雞尾酒的微醺世界－調出你的私房Lounge Bar風情

作　者：大衛·畢格斯（David Biggs）
出　版：大都會文化
定　價：250元

一本讓你「明白喝、喝明白」的雞尾酒指南！

【書籍簡介】

本書介紹以香檳、葡萄酒、琴酒、威士忌、白蘭地、蘭姆酒、伏特加等為基酒所調配出的多種富異國情調的雞尾酒，其中有許多令禁酒主義者也垂涎的美妙調酒。除了雞尾酒的配方、調製方法和調製器具之外，還穿插與雞尾酒有關的由來或軼聞，讓你在pub點酒時，不會因為不了解調酒背後隱藏的暗示而當眾出糗。

雞尾酒鮮豔多變的色彩，不僅要搶攻你的視覺，其優雅奧妙的滋味，更能挑逗你的味蕾。結束忙碌的一天之後，不妨隨著「雞尾酒的微醺世界」，輕鬆調出屬於你的私房Lounge Bar風情吧！

野外泡湯趣－魅力野溪溫泉大發見

作　　者：李麗文
出　　版：大都會文化
定　　價：260元

你想知道青春不老的秘方嗎？

你想知道不吃藥也能治病的妙方嗎？來一趟野溪溫泉之旅吧！

【書籍簡介】

台灣獨特的地理條件孕育出許多不同的地形景觀，野溪溫泉就是其中之一。泡溫泉幾乎已經成為國民運動，除了溫泉業者提供的溫泉旅館之外，越來越多人想親臨溫泉發源處，感受第一手的溫泉。

本書蒐羅全台十五處超人氣野溪溫泉，並提供周邊交通、食宿等資訊。不妨跟隨作者的腳步，趁著週休二日，安排一趟山野之旅，輕鬆體驗野外泡湯的好處與樂趣。

【成長三部曲】二部曲-絕對管用的38條職場致勝法則

作　　者：胡凱莉
出　　版：大都會文化
定　　價：149元

上班族必修的現代職場求生術，教你如何追隨成功人士的腳步
擺脫豬頭老闆，創造自己的事業高峰

【書籍簡介】

本書蒐羅職場達人的「工作經驗」與「創業經驗」，是社會新鮮人的求生經驗指南，全方位解讀職場陷阱，教你如何在險中求勝，甚至實現獨立創業的夢想。

・工作經驗

社會新鮮人普遍都有「職場恐懼症」，有的人乾脆「遁入」研究所，繼續躲在父母的保護傘之下。職場是一門必須費時研究的高深學問，辦公室甚至變成要小心翼翼的考場。有鑑於此，「工作經驗」借鏡職場精英的成功秘訣，讓你在工作中如魚得水，輕鬆地鶴立雞群。

・創業經驗

獨立創業是很多人的夢想，只要看透市場機制，步步為營，創業就不再只是夢想。創業怕沒點子，成功怕沒路子。創業真的比守業簡單嗎？資金哪裡找？有風險一定不好嗎？創業高手提供的各種「創業經驗」，讓你的生意財源滾滾，打造自己的一片天空

尋訪失落的香格里拉

作　　者：Kim Roseberry
出　　版：大旗出版社
定　　價：240元

行走在最美麗的高度，

尋訪聖境香格里拉

【書籍簡介】

人人都在尋找香格里拉。香格里拉彷彿午夜夢迴的懸念，在神話與現實的地平線上遊盪。直到神話被印證，世人就在驚嘆中成為無語的朝聖者陸續湧入。

作者Kim Roseberry以獨特的理性眼光和感性視角，走進人們嚮往的天堂。那裡沒有塵俗的擾嚷，也不是完美的烏托邦，只有藏民投入飽滿的生命力，展現對大自然的景仰，單純而震撼。

成長三部曲 三部曲

從窮人進化到富人的 29條處事智慧

作　　者	胡凱莉
發 行 人	林敬彬
主　　編	楊安瑜
編　　輯	施雅棠
封面設計	許紘捷
內頁設計	許紘捷
出　　版	大都會文化 行政院新聞局北市業字第89號
發　　行	大都會文化事業有限公司 110台北市基隆路一段432號4樓之9 讀者服務傳真：（02）27235220 讀者服務專線：（02）27235216 電子郵件信箱：metro@ms21.hinet.net 網址：www.metrobook.com.tw Metropolitan Culture Enterprise Co., Ltd. 4F-9, Double Hero Bldg., 432, Keelung Rd., Sec. 1, Taipei 110, Taiwan TEL:+886-2-2723-5216　FAX:+886-2-2723-5220 e-mail:metro@ms21.hinet.net Website:www.metrobook.com.tw
郵政劃撥	14050529　大都會文化事業有限公司
出版日期	2005年10月初版第1刷
定　　價	149元
I S B N	986-7651-50-2
書　　號	Growth -007

大都會文化　大都會文化 METROPOLITAN CULTURE

國家圖書館預行編目資料

從窮人進化到富人的29條處事智慧 / 胡凱莉著.
-- 初版. -- 臺北市：大都會文化, 2005〔民94〕
面；　公分. -- (心靈特區；7)
ISBN 986-7651-50-2(平裝)
1. 成功法 2. 生活指導
177.2　　　　94016243

成長三部曲

三部曲

從窮人進化到富人的29條處事智慧

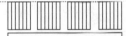

北區郵政管理局
登記證北台字第9125號
免貼郵票

大都會文化事業有限公司
讀者服務部收

110 台北市基隆路一段432號4樓之9

寄回這張服務卡(免貼郵票)
您可以：
◎不定期收到最新出版訊息
◎參加各項回饋優惠活動

大都會文化 讀者服務卡

書號：Growth-007 從窮人進化到富人的29條處事智慧

謝謝您選擇了這本書！期待您的支持與建議，讓我們能有更多聯繫與互動的機會。日後您將可不定期收到本公司的新書資訊及特惠活動訊息。

A.您在何時購得本書：_____年_____月_____日

B.您在何處購得本書：__________書店(便利超商、量販店)，位於__________(市、縣)

C.您從哪裡得知本書的消息：1.□書店 2.□報章雜誌 3.□電台活動 4.□網路資訊5.□書籤宣傳品等 6.□親友介紹 7.□書評 8.□其他__________

D.您購買本書的動機：（可複選）1.□對主題或內容感興趣 2.□工作需要 3.□生活需要 4.□自我進修 5.□內容為流行熱門話題 6.□其他__________

E.您最喜歡本書的（可複選）：1.□內容題材 2.□字體大小 3.□翻譯文筆 4.□封面 5.□編排方式 6.□其它

F. 您認為本書的封面：1.□非常出色 2.□普通 3.□毫不起眼 4.□其他__________

G.您認為本書的編排：1.□非常出色 2.□普通 3.□毫不起眼 4.□其他__________

H.您通常以哪些方式購書：(可複選)1.□逛書店 2.□書展 3.□劃撥郵購 4.□團體訂購5.□網路購書 6.□其他__________

I. 您希望我們出版哪類書籍：（可複選）1.□旅遊 2.□流行文化3.□生活休閒 4.□美容保養 5.□散文小品 6.□科學新知 7.□藝術音樂 8.□致富理財 9.□工商企管10.□科幻推理 11.□史哲類 12.□勵志傳記 13.□電影小說 14.□語言學習（_____語）15.□幽默諧趣 16.□其他__________

J.您對本書(系)的建議：__________

K.您對本出版社的建議：__________

讀者小檔案

姓名：__________ 性別：□男 □女 生日：_____年_____月_____日

年齡：□20歲以下□21～30歲□31～40歲□41～50歲□51歲以上

職業：1.□學生 2.□軍公教 3.□大眾傳播 4.□ 服務業 5.□金融業 6.□製造業 7.□資訊業 8.□自由業 9.□家管 10.□退休 11.□其他__________

學歷：□ 國小或以下 □ 國中 □ 高中／高職 □ 大學／大專 □ 研究所以上

通訊地址__________

電話：（H）__________（O）__________傳真：__________

行動電話：__________ E-Mail：__________

◎謝謝您購買本書，也歡迎您加入我們的會員，請上大都會文化網站 www.metrobook.com.tw登錄您的資料，您將會不定期收到最新圖書優惠資訊及電子報。